陪审制度研究

石时进 著

人民法院出版社

图书在版编目（CIP）数据

陪审制度研究 / 石时进著. -- 北京 : 人民法院出版社，2024.7

ISBN 978-7-5109-4136-8

Ⅰ. ①陪… Ⅱ. ①石… Ⅲ. ①陪审制度－研究－中国 Ⅳ. ①D926.2

中国国家版本馆 CIP 数据核字(2024)第 078596 号

陪审制度研究

石时进 著

责任编辑 张 艺
封面设计 天平文创视觉设计
出版发行 人民法院出版社
地　　址 北京市东城区东交民巷 27 号（100745）
电　　话 （010）67550667（责任编辑） 67550558（发行部查询）
65223677（读者服务部）
客服 QQ 2092078039
网　　址 http://www.courtbook.com.cn
E-mail courtpress@sohu.com
印　　刷 三河市国英印务有限公司
经　　销 新华书店

开　　本 880 毫米 ×1230 毫米 1/32
字　　数 203 千字
印　　张 8.375
版　　次 2024 年 7 月第 1 版 2024 年 7 月第 1 次印刷
书　　号 ISBN 978-7-5109-4136-8
定　　价 39.00 元

前言

陪审制度，是从一般市民中随机抽选出若干名陪审员参加案件审理的一种司法制度。实行陪审制度是当今世界多数国家的通行做法，对于推动司法民主、促进司法公正、提升司法公信具有重要意义，是人类司法文明的璀璨篇章。

我国人民陪审员制度发轫于中国共产党领导的新民主主义革命实践，正式确立于中华人民共和国成立之初，是我国社会主义民主政治的重要内容，是社会主义司法制度的重要组成部分。党的十八大以来，以习近平同志为核心的党中央高度重视民主政治建设，人民陪审员制度迎来了前所未有的发展机遇，其作为司法体制改革的重要一环，承载着推进法治中国建设、促进公正司法、提升司法公信力的重大历史使命。党的十八届三中全会提出，广泛实行人民陪审员制度，拓宽人民群众有序参与司法的渠道。党的十八届四中全会进一步提出，要完善人民陪审员制度，保障公民陪审权利，扩大参审范围，提高人民陪审员制度公信度。2015 年 4 月 1 日，习近平总书记主持召开中央全面深化改革领导小组会议，审议通过了《人民陪审员制度改革试点方案》。全国人大常委会授权全国 10 个省（区、市）50 家法院进行为期三年的人民陪审员制度改革试点，探索出了许多可复制、可推广的经验做法。2018 年 4 月 27 日，十三届全国人大常委会第二次会议审议通过了《人民陪审员法》，并于当日公布实施。作为我国历史上关于陪审制度的第一部专门法律，《人民陪审员法》明确规定了我国人民陪审员的法律地位、权利义务、选任方式、参审范围、职权行使、履职保障等内容。这部专门法律，既全面落实了中央的顶层设计，又合理吸收了地方的探索经验；既充分凸显了人民的主体地位，又注重调动各方积极性；既尊重了司法规律，又紧贴现实国情社情民意；既借鉴了域外陪审制度的优秀成果，又传承了人民陪审员制度的实践结晶，在世界陪审制度史上独树一帜，充分体现了民主政治建设的中国智慧、中国力量、中国方案。

本书对陪审制度的基本法理、中国陪审员制度与国外陪审制度进行了对比和分析，对人民陪审员制度进行了阐述解析，对完善人民陪审员制度提出了一隅之见，旨在为实施好人民陪审员制度贡献绵薄之力。

由于作者知识和水平所限，提出的一些观点乃是一家之言，错误和疏漏之处在所难免，衷心希望广大读者批评指正。

目录

第一章
陪审制度的基本法理

一、陪审制度的释义

陪审制度是人类司法文明的璀璨篇章。实行陪审制度是当今世界多数国家的通行做法。历史的车轮滚滚向前，陪审制度在涤荡和沉淀中古老而常新。进入现代社会，各国的陪审制度虽然在运行模式上不尽相同，但本质上都是民众依照法律的规定参与司法审判活动的制度。从制度功能上看，陪审制度通过民众有序参与司法，搭建了司法民主化与司法专业化的桥梁，保证了民主制度能够有效地灌注于司法活动，促进司法公正、提升司法公信。

（一）陪审制度的概念

1. 陪审

陪审对应英文“jury”一词，在学理上使用时往往指“jury system”，意指“陪审制或陪审团”。《牛津法律大辞典》对陪审团的解释为“被召集起来，在审理证据的基础上，通过对有争议的事实问题作出裁定来协助法庭审理的一群非法律专业人员”[①]。

陪审员广义上指被列于陪审员名单上可担任陪审员的任何

① 《牛津法律大辞典》，光明日报出版社 1988 年版，第 494~496 页。

人，狭义上一般指已经宣誓并开始审理案件的陪审团成员，包括特别陪审员和候补陪审员。[①]

陪审和陪审员不是中文的固有词汇，而是由西方传入我国。第一个向国人介绍陪审和陪审员相关知识的是英国传教士马礼逊。1822 年，马礼逊在其编订出版的《华英字典》第三卷中，在英文单词后列出了对应的中文字词，他认为当时中文的“乡绅”与“jury”一词具有相似的功能。[②]1838 年，普鲁士传教士郭士立在其编撰出版的《东西洋考每月统计表》3 月号刊登的《自主之理》一文中，将“juror”译为“副审良民”[③]，即“陪审良民”的意思，与现代陪审员的概念非常接近。同年，第一个来华的美国传教士稗治文在其刊刻的《美理哥合省国志略》中，对美国的陪审制度进行了介绍，将“juror”译为“衿耆”[④]，即有声望的士人和耆老。1852 年，晚清知识分子魏源在其编制的《海国图志》一书中，在介绍西方陪审制的时候，也用“衿耆”一词来指代陪审员。[⑤]

“陪审”一词作为中文译名第一次进入法律文件是 1868 年的《洋泾浜设官会审章程》，该章程第 6 款规定：“华洋互控案件，审断必须两得其平，按约办理，不得各怀意见，如系有领事管束之洋人，仍须按约办理，倘系无领事管束之洋人，则由委员自行审断，仍邀一外国官员陪审，一面详报上海道查核。倘两造有不服委员会所断者，准赴上海道及领事官处控告复

① 薛波主编：《元照英美法词典》，北京大学出版社 2013 年版，第 757 页。

② 王健：《沟通两个世界的法律意义——晚清西方法的输入与法律新词初探》，中国政法大学出版社 2001 年版，第 55 页。

③ 参见［德］郭士立编：《东西洋考每月统计表》，黄时鉴整理，中华书局 1997 年版，第 339~340 页。

④ 中国社会科学院近代史研究所近代史资料编辑部编：《近代史资料》（总 92 号），刘路生点校，中国科学出版社 1997 年版，第 40 页。

⑤ 魏源：《海国图志》，李巨澜评注，中州古籍出版社 1999 年版，第 391 页。

审。”[①]虽然这部会审章程是在西方列强威逼下被迫接受的，铭刻着被殖民的屈辱历史，但其在近代史上的意义是我们不能忽略的。

2. 陪审制度

就字面含义而言，陪审制度是指“非职业审判人员与职业审判人员一起审判案件的制度”[②]。陪审制度按照其模式不同，主要分为以英美法系为代表的“陪审团制度”和以大陆法系为代表的“参审制度”。

陪审团制度，主要是指陪审员和职业法官在司法活动中按照明确的分工，由陪审员负责事实认定问题，由职业法官负责法律适用问题的审判模式。在现代社会，陪审团在审判中的作用已经与过去存在很大的不同。早期的陪审团起到知情人与见证人的作用，需要其判断的并不都是事实，而是根据亲身知识对被告的品行、名声等方面进行判断，而且陪审团裁决代表的是该地区人士中占主导地位的信念和观念。直到18世纪早期，陪审团成员仍可在证据之外依赖自己的个人知识进行判断。但从此之后，陪审团就只能运用庭审中的证据来作裁决了。同时，法官与陪审团的职责日益明确，前者主要负责法律适用问题，后者主要负责事实认定问题。[③]随着历史上英国的殖民地扩张，陪审团制度也随之传播至亚洲、非洲及美洲。在普通法系国家，陪审团制度得到了空前的发展，为保障诉讼当事人的合法权利发挥了重要作用。陪审团制度具有两个典型特征：第一，“事实审”与“法律审”相分离。陪审团仅对事实负责，而且对事实

---

① 杨湘君：《帝国之鞭与寡头之链——上海会审公廨权力关系变迁研究》，北京大学出版社2006年版，第94页。

② 《辞海》，上海辞书出版社1999年版，第1271页。

③ 参见薛波主编：《元照英美法词典》，北京大学出版社2013年版，第757页。

的裁决是终局性的；法律的适用则由法官负责，法官有义务保证陪审团成员在“无扰”的情况下作出判决。第二，陪审团成员的组成体现广泛的代表性。①

参审制度，是指由非职业法官与职业法官组成审判庭，共同审理案件的审判模式。陪审团制度与参审制度在具体的制度设计和运作方面有着比较明显的差异，可两者却有着历史上的传承关系。由于历史传统和法律文化的差别，陪审团制度在传入大陆法系国家后出现了水土不服的情况，更符合本国司法需要的参审制度应运而生。由此，也可以说参审制度是由陪审团制度演变而来的，是在借鉴陪审团制度的基础上与本国国情相结合的产物，是大陆法系国家在寻找适合本国的审判方式过程中的改革和创新。参审制度要求参审员既参与审理事实问题，也参与审理法律问题，充分发挥参审员与职业法官的合议审理功能。相比之下，在陪审团制度中，事实问题由陪审团独立认定，职业法官不参与事实认定，没有机会纠正陪审团在事实认定中可能出现的错误。基于此种改良理念，在参审制度下，职业法官与参审员共同负责事实认定和法律适用问题，职业法官可以基于自身的司法经验和专业能力引导参审员办案，为参审员正确判定案件提供充分的参考材料。同时，参审员来自普通公民，由其参与事实认定和法律适用可以有效制衡法官滥用权力，增加人民对司法公正的信赖。大陆法系参审制度一般具有以下两个特点：第一，参审员与职业法官享有同等权利，参审员不仅对事实作出判断而且对适用法律负责，在审判中与法官

① 参见［美］弗来彻：《美国的陪审团制度》，载宋冰主编：《程序、正义与现代化》，中国政法大学出版社 1998 年版，第 412~414 页。

享有同等的表决权。[①]第二，注重参审员的广泛参与。虽然参审员在审判中的实质性影响在不同国家存在差异，但各国对参审员遴选的广泛性都是非常重视的。作为公众舆论与民众良知的代言人，参审员一般具有崇高的社会地位，搭建了司法与民意之间的桥梁。[②]

中国的人民陪审员制度是具有鲜明中国特色的陪审制度，是我国人民民主的重要形式，是中国特色社会主义司法制度的重要内容，是人民当家作主在司法领域的重要体现。人民陪审员制度将党的群众路线和工作方法运用于司法审判活动之中，是人民群众参与司法、监督司法的有效途径，在推进司法民主、促进司法公正、提升司法公信方面发挥了重要作用。

（二）陪审制度的特征

1. 政治性

“陪审制度首先是一种政治制度，应当把它看成人民主权的一种形式。当人民的主权被推翻时，就要把陪审制度丢到九霄云外；而当人民主权存在时，就得使陪审制度与建立这个主权的各项法律制度协调一致。”[③]司法审判权是国家权力的一部分，而陪审制度作为一项司法制度，自然成为政治制度的重要组成部分，具有鲜明的政治属性。

陪审制度是人民主权原则的直接体现。根据人民主权原则，

---

① 钟莉：《价值·规则·实践：人民陪审员制度研究》，上海人民出版社 2011 年版，第 4 页。

② 参见［德］托马斯·魏根特：《德国刑事诉讼程序》，岳礼玲、温小洁译，中国政法大学出版社 2004 年版，第 30 页；［法］贝尔纳·布洛克：《法国刑事诉讼法》，罗结珍译，中国政法大学出版社 2009 年版，第 272~273 页。

③ ［法］托克维尔：《论美国的民主》，董果良译，商务印书馆 1989 年版，第 314~315 页。

国家的权力属于人民，人民有权行使国家权力。司法审判权作为国家权力的重要组成部分，理所当然地由人民行使。陪审制度将人民与司法审判权的行使有机结合在一起。陪审员参与审判活动，实现了作为国家主人的人民对审判权力的行使，而且在审判活动中，陪审员可以在法官的组织下充分了解案情，享有平等表决的机会，其表决的结果对最终判决产生直接影响。可见，陪审制度让社会公众积极参与到司法活动中，直接体现了人民主权原则。

陪审制度实现了民主政治的有效参与。社会公众通过行使陪审权实现了自己的政治意愿。成为陪审员既是人民享有的政治荣誉和政治权能，也是表达民意和己见的机遇。从国家与社会的视角来看，陪审制度通过将公民提升到与行使审判权的法官相近的位置，使人民感到自己介入了政治管理，而将政府看作与人民相融合的统治机构和形式，不再将它看作一种异己的产物。[①] 诚如托克维尔所言："实行陪审制度，就可把人民本身，或至少把一部分公民提高到法官地位，这实质上就是陪审制度把领导社会的权力置于人民或一部分人民手中。"[②] 因此，陪审制度为社会公众实现个人的政治意愿提供了有效途径。

2. 民主性

不可否认的是，陪审制度通过让人民参与审判活动，将人民的意志不同程度地纳入裁判之中，使民意在司法层面得以彰显。从这个角度来说，陪审制度作为人民主权的重要载体，具有鲜明的民主属性。

---

① 钟莉：《价值·规则·实践：人民陪审员制度研究》，上海人民出版社 2011 年版，第 60 页。

② ［法］托克维尔：《论美国的民主》，董果良译，商务印书馆 1989 年版，第 314 页。

陪审制度保障了社会公众行使国家审判权的平等性。在制度设计上，无论是英美法系的陪审团制度，还是大陆法系的参审制度，都十分重视群众参与的广泛性和代表性。社会公众享有平等参与审判决策活动的权利，凡是具有参与审判资格的普通公民，其被选中成为陪审员的概率与其他公民是一样的，任何公民都不享有特权。在英国，凡18周岁以上70周岁以下，在大不列颠及北爱尔兰联合王国、海峡群岛及岛屿已经居住5年以上且登记合格的正式选民均可担任陪审员。在美国，虽然联邦与州、州与州之间对陪审员的要求有所不同，但是依照联邦法律的规定，18周岁以上可用英语交流的美国公民均可担任联邦法院的陪审员。在法国，凡年满23周岁，可用法语读写，享有政治权利、民事权利和亲权的法国公民均可担任参审员。在德国，凡25周岁以上70周岁以下的德国公民均可担任参审员。虽然不同国家在公民的行为能力和认知能力等方面对陪审员的资格作出了不尽相同的限制，但其目的都是保障参与审判活动的公民能够清楚地认识到自己活动的对象、性质、状态和内容，从而在裁决时作出理性的判断。从陪审员的选任方式来看，英、美、法、德等国家大多采用随机抽取的方式选任陪审员，保障了公民参与机会的平等。

陪审制度保障了社会公众行使国家审判权的有效性。英美法系在诉讼模式上普遍采用当事人主义，强调控辩双方的对抗性和法官的中立性。因此，英美法系在构建陪审团制度时，要求陪审团在庭审时保持中立，只能被动地听取控辩双方的意见，不能主动地参与诉讼。但在庭审结束后，陪审团有权对案件的事实问题进行表决，而表决结果对最终裁决产生直接影响。无论是英国的多数人裁决还是美国的一致裁决，如果陪审团作出否定性裁决，认定被告人无罪，法官应最终判决被告人无罪。

作为民意代表的陪审团之于裁判结果的重要作用可见一斑。对于大陆法系而言，其在诉讼模式上普遍采用职权主义，强调法官对庭审的指挥与控制，参审员在一定程度上可以主动地参与诉讼，通过向诉讼参与人提问等方式了解案情。参审员与职业法官没有明确的职责分工，共同解决案件的事实问题和法律问题。合议庭首先就被告人是否有罪进行合议，再对被告人的量刑问题进行合议。合议采用表决的方式进行，参审员和职业法官的投票具有同等效力，其对于裁判结果的作用同样举足轻重。

3. 司法性

陪审制度作为一种诉讼制度，其功能是通过陪审员参与审判活动定分止争，化解矛盾，维护社会公平正义和安全稳定。因此，陪审制度具有鲜明的司法属性。

陪审制度有利于公正裁判的获得。实行陪审制度的国家大多采用随机抽取的方式选任陪审员，不受任何党派和团体的支配控制。陪审员在作出裁决时，完全根据自己的价值取向和社会阅历进行判断，不受其他陪审员以及职业法官的影响，具有完全的独立性。随机产生的陪审员有利于保障司法裁判的公正性。

陪审制度有利于案件事实的查明。在制度设计层面，无论是陪审团制度还是参审制度，都试图让来自社会各个阶层的民众广泛参与审判活动，通过其丰富的阅历和开阔的视野，最大限度地避免错判误判。就某一特定案件来说，很难作出哪个社会阶层的人更有助于查明案件事实的判断。通过民众的广泛参与，可以避免职业法官因思维定式和固执己见而先入为主地误判案件事实。因此，陪审制度更能够帮助职业法官“不以偏概全，不限于一隅”，中立客观地查明案件事实。

4. 社会性

陪审制度有助于实现权力之间的相互制衡。社会公众在参与审判活动的同时，将民间的社会权力引入司法审判活动，形成了社会权力对国家权力的制衡，实现了社会公众对司法审判的监督，彰显了陪审制度的社会属性。

陪审制度有助于防止司法与民意的脱节和分离，搭建司法与社会的桥梁。司法是公民维护自身权益的最后一个救济途径，而司法公正则是一个国家坚守公平正义的最后一道防线。正如英国著名哲学家培根所言：一次不公正的审判，其恶果甚至超过十次犯罪，因为犯罪虽然无视法律好比污染水流，但不公正的审判则是破坏法律好比污染水源。英美法系的陪审团成员在随机抽选后迅速集中，在案件审结后立即解散，随机性很大；大陆法系参审员的范围则相对固定，但是审理具体案件的参审员依然是随机产生。与贿赂职业法官相比，案件当事人贿赂陪审员或参审员的可能性要小得多。从制度设计来看，因为陪审团的裁决对最终判决具有约束力，即使职业法官存在廉洁风险，亦难以将陪审员或参审员的意见排除在外，独立形成裁判结果，当事人贿赂法官的意愿由此也会大大降低。与此同时，陪审制度通过社会公众对司法活动的有效参与，实现了让公民亲身参与审判的诉讼模式。在参与司法与监督司法的过程中，能够将社会公众对司法的期待带入审判活动之中，形成社会公众与司法审判的良性互动，推动司法裁判的社会效果与法律效果相统一。

二、陪审制度的功能定位

陪审制度的功能，是指陪审制度所发挥的作用和效能，而陪审制度的功能定位，则是陪审制度展现出的有别于其他法律制度的目标定位和价值功能，直接决定和影响着陪审制度的发展方向。总体而言，陪审制度的功能定位可以从国家维度、社会维度、司法维度和个人维度四个层面进行解构。

（一）国家维度

1. 政治价值

作为一种政治制度，陪审制度通过让普通公民参与审判的方式将民主政治的基本理念与司法审判深度融合，这对于任何一个民主国家来说都具有重要的政治价值。从这个意义上来说，陪审制度体现着一个国家的政治文明程度，是民主制度在司法领域的重要体现。

陪审制度体现了国家对民主政治的追求。陪审制度自出现之日起便承担了政治使命，无论是英美法系的陪审团制度，还是大陆法系的参审制度，其建立的初衷和动力均是对民主政治的追求。[①] 选举制度与陪审制度是人民主权原则的两个重要的直接结果，也是它的最终结果；它们两者在实现多数统治的政治理念上具有同等重要的意义，缺一不可。对于选举制度而言，人民通过行使选举权表达了抽象的政治意愿；对于陪审制度而言，人民通过行使陪审权实现了具体的政治意愿。如果说选举制度是把人民和政府连接起来的第一座桥梁，陪审制度则是使

---

① 李玉华、张思尧、杨亮：《中国特色陪审制度的新发展》，中国政法大学出版社 2014 年版，第 162 页。

人民和政府处于经常性沟通状态的另一座桥梁。有了这两座桥梁，人民认为自己是介入政府中的人民，而政府则认为自己是存活于人民中的政府。社会公众对民主政治的有效参与，很容易让我们将陪审制度与古代城邦国家的直接民主制联系起来。在城邦国家，公民都是国家权力机关的组成人员并直接立法、执法、督法。在现代社会，由于人口众多、地域广大，公共事务需要由有专门知识和才能的人来管理，陪审制度在执法的某种形式上体现了古代的直接民主制度。

陪审制度实现了公民政治意愿的表达。陪审团成员通过随机抽选的方式产生，来自社会的各个阶层，每个社会成员成为陪审员的机会是均等的。如果参加法庭审判成为公民平等享有的宪法权利，则理论上所有人都同时成为潜在的陪审员，陪审员成为一种人人可担任的常规职务。陪审制度将一部分公民提升到了与行使审判权的法官相近的位置，让公民参与到国家的政治管理之中，构建了表达自己意愿的桥梁和途径，赋予了表达民意和己见的切实机遇。

2. 民主价值

陪审制度起源于古代雅典和罗马时期。由于当时民主共和制的建立，司法领域的民主气氛高涨，为了防止法官专断，一种试图反映民主观念的陪审制度应运而生。由是观之，民主理念孕育了陪审制度，陪审制度从一开始亦蕴含着民主理念。陪审制度赋予了普通公民平等参与审判的权利。“由于司法裁判程序直接涉及国民之生命、身体、自由、财产或法律地位，如完全委由法律专家即法官控制运作，而一概不容许一般民众参与，自未能贯彻民主权之原理及司法民主化之精神。”[1] 社会公众参与

① 邱联恭:《司法之现代化与程序法》，我国台湾地区三民书局1992年版，第122页。

的审判活动实质上是一种决策活动，是以对存在着的一般性法律规范的适用，特定当事人之间已经发生的具体纠纷的事后性解决，明确当事人之间法律上的权利、义务、责任的归属和内容为目标的一种决策制度。[①] 政治决策通常包括国家法律的制定、国家领导人的决定、公共政策的制定等，而陪审制度作为一种司法决策制度，是吸收普通民众参与行使国家审判权，并对特定的案件作出裁判的制度。与政治决策相比，审判决策具有一定的特殊性：第一，审判决策是一种适用法律的决策活动。其活动的逻辑是，通过审理活动对争议事实作出判断，或者在认定争议事实后，根据法律对当事人双方的纠纷作出裁判。第二，审判决策对社会成员的影响与一般的政治决策相比具有特殊性。政治决策通常能够对所有的社会成员产生影响，诸如立法活动，或者是政府公共政策的制定等，而陪审团所作出的裁判往往只对案件的当事人产生影响，而对普通社会成员并不产生影响。政治决策具有明显的倾向性，关心的是目标和效率；而审判决策的特点是中立性，关心的是以法律为依据的公正性。

中国的人民陪审员制度就是一种人民群众直接参与管理国家事务的形式，陪审员来自社会各界，广泛的来源保证了他们熟悉社会生活的方方面面，他们参与事实审判能够集思广益，更有效地防止司法决策过程中的主观片面和独断专行，也更容易使裁判结果得到社会民众的广泛认同。陪审制度的意义不仅是某种象征性的民主，更重要的是通过这种民主形式达到对司法公正的维护和追求。作为既非控方又非辩方的中立第三方的普通民众代表受到的干扰比职业法官小，对干扰也比较容易抵制。因此，陪审制度通过与案件没有直接关系的普通民众直接

---

① 张志伟：《陪审制度的民主问题辨析》，人民出版社 2010 年版，第 53 页。

参与事实审理，处理纠纷，有助于维护审判的公正性和中立性。

陪审制度为参与审判的普通公民有效地影响审判决策提供了制度保障。有效决策是指所有参与审判决策的普通公民对案件事实及法律适用作出了自己独立的判断。实现有效决策通常需要做到以下几点：

第一，参与决策的普通公民是理性的、能够独立作出判断的个体。民主的前提之一是要有理性，即成员应当具备参与公共事务的基本能力，其中包括制订计划、掌握行动规则的能力，在具体情况下，运用这一计划、规则的能力和清楚表达思想的能力。[①] 作为一种分析和作出判断的活动，审判活动要求参与者具备一般的分析判断能力，能够理解参与的目的、程序和规则，能够充分或比较清楚地意识到自己活动的对象及其性质和状态、自己活动的内容，能够理解其所参与活动的责任和意义，并愿意承担这种责任。如果参与者丧失了这种道德的自觉性和责任感，则很容易扭曲参与决策的初衷。

第二，参与者被赋予的权利必须足以影响决策的形成。对于参与决策的普通公民而言，权利是其参与行动的基础，也是其在决策活动中处于主动地位的关键。赋予参与决策的普通公民权利，可以抵制其他决策主体的非正常干预，有利于参与者主体地位的提高。审判活动作为一种决策活动，必须依赖一定的信息，因为信息有助于决策者消除和克服决策认识的不确定性。拥有权利的人，可以通过被允许的活动直接获取对判断和决策有用的信息；反之，则丧失了进行或参与某一活动的资格。在陪审活动中，赋予陪审员适当的权利，明确陪审员与职业法官的权利界限，也具有防止职业法官越权干预陪审员独立作出

① ［美］卡尔·科恩：《论民主》，聂崇信、朱秀贤译，商务印书馆1988年版，第59页。

判断的作用。需要强调的是，在参与者被赋予的权利当中，投票权是必须予以明确的。参与者可以通过投票表达自己对于问题所作出的判断，并排除外界的干扰。

第三，参与者被赋予的权利必须得到有效保障。如果要满足民主的各项要求，它内在的各项权利必须是现实的，是公民能够享受到的。普通公民参与审判决策，只有其各项权利得到切实有效的保障，参与审判的目的才能够得以实现。从另一个角度而言，陪审员享有的权利是由其职能所决定的。在刑事诉讼中，陪审团对事实问题作出裁决，决定被告人是否有罪，而法官仅对法律问题作出裁决，决定被告人最后的量刑。虽然法官可以根据上诉请求对审理中的程序性错误或者支持裁决的证据缺陷作出否定陪审团裁决的判决，但不能将陪审员属于内心确信范围的对事实问题的不同看法作为重新审理的理由。

（二）社会维度

1. 审判权的监督与制衡

“对权力统治在建构社会和社会运作方面的特征所作的考察表明，权力在社会关系中代表着能动而易变的原则。在权力未受到控制时，可以将它比作自由流动、高涨的能量，而其结果往往具有破坏性。”[①] 权力是人类社会中存在的重要社会现象。但是，如果不对权力进行有效的制约，权力就会被滥用，从而产生腐败，这已经被不同社会制度下的权力运行实践所证明。审判权作为国家权力的重要组成部分，具有充分的自由裁量性，这也决定了审判权同所有的权力一样，具有扩张性，容易被滥

① ［美］E. 博登海默：《法理学：法律哲学与法律方法》，邓正来译，中国政法大学出版社 2017 年版，第 374 页。

用。所以，为了保障审判权的正当行使，必须引入另一种力量来监督与制衡审判权的行使。

陪审制度的有效运行能够对职业法官的审判权产生制衡作用。在英美法系的陪审团制度中，审判权被分割为事实认定权和法律适用权，两种权力相互配合、相互制约。陪审团在诉讼中行使事实认定权。较之法律适用权，事实认定权处于更为实质的层面，是审判权的实质内容，更能体现人民司法的原则。比如在一起杀人案件中，陪审团要决定被告人是否实施了杀人行为，如果被告人实施了杀人行为，还要决定他的行为是否属于犯罪行为，陪审团作出的裁决也表达了陪审员对被告人杀人行为是否构成犯罪的看法，是一种正义观念的评价。从司法实践来看，如果陪审团认定被告人无罪，法官便要宣布释放被告人，而且根据“一事不再理”的原则，该名被告人不得再因相同罪名接受第二次审判。在陪审团作出有罪裁决的案件中，法官只能在陪审团作出有罪裁决的基础上，进行下一步的诉讼活动，或者支持陪审团的有罪裁决进行量刑，或者否定陪审团的裁决，另行组成陪审团进行重审或者直接宣布被告人无罪释放。从裁判结果来看，法官拥有有罪的最终裁决权，陪审团拥有无罪的最终裁决权，审判权的分割实现了陪审团与法官之间的相互制约。在大陆法系的参审制度中，参审员与职业法官没有职能上的分工，合议庭成员共同享有事实认定权和法律适用权，在对事实问题和法律问题表决时，参审员的投票与职业法官的投票具有同等效力。虽然参审员与职业法官没有像英美法系陪审团制度那样分别享有事实认定权和法律适用权，但是法官将所享有的专属裁判权部分让渡给了参审员，参审员通过参与投票表决制约法官审判权的行使，同样实现了审判权的分权制衡。

陪审制度能够通过制衡和监督审判权防止司法腐败的发生。

在采用陪审团制度的国家，陪审团的候选人是法院辖区的选民，法官从选民名单中随机选择组成案件的陪审团，双方律师参与陪审团成员的挑选过程，如果一方律师有理由认为某位选民不适合担任案件的陪审员，可以申请该选民回避，而且双方还有一定名额限制的无因回避权。陪审员选择的随机性使陪审员不存在屈从于腐败或滥用权力的动机。因为他们既不依赖司法当局而生存，也不会因为追求职业发展而屈从于政治干预，案件审理完毕后就回归到原来的生活状态，不必担心公权力的制裁，也没有受到当事人给予的压力。与此同时，在特殊案件中，自案件审判开始，审判人员与世隔绝的制度性安排使得审判员也独立于社会舆论；当事人双方的律师对选择陪审员过程的参与承担了与回避制度同样的使命，使陪审员独立于某种社会角色或人身关系。[①] 在挑选陪审员时，与当事人有利害关系的都要回避，而成为陪审员以后便几乎与世隔绝。如果有人想对陪审员施加影响，或者进行威胁，几乎是不可能的，因为许多判决要求全体一致，想要同时贿赂大多数甚至是所有的陪审员是很难实现的。所以，陪审制度的设计使得司法舞弊难以奏效，实现了对审判权的监督与制衡。

2. 司法与社会的桥梁

陪审制度有助于防止司法与民意的脱节和分离，搭建司法与社会的桥梁。陪审制度能够让社会了解司法。陪审制度作为民众参与司法的一种有效途径，通过亲身经历、亲自感受案件的运转流程，可以让社会公众更加直观地了解案件的审判过程，消除司法活动的神秘感。正如托克维尔所言："陪审制度对于判决的形成和人的知识的提高有重大贡献。我认为，这正是它的

---

① 高一飞:《上帝的声音：陪审团法理》，中国民主法制出版社 2016 年版，第 33 页。

最大好处。应当把陪审团看成一所常设的免费学校，每个陪审员在这里运作自己的权利，经常同上层阶级的最有教养和最有知识的人士接触，学习运用法律的技术，并依靠律师的帮助、法官的指点，甚至是两造的责问，而使自己精通了法律。”①除了了解本国的司法制度外，陪审制度还可以增强国民的司法责任感。作为一名具有选举权的公民，应当具有公共精神，关心国家的命运，管理国家的事务。参与司法审判工作，履行裁判职责，既是一项政治权利，也是一份对国家应尽的义务。

陪审制度有助于将社会公共意志和共同观念引入司法审判活动，让司法反映民意。无论采用何种社会制度的国家，公民与职业法官对待事务的看法很难达成一致。有的公民认为司法过于宽松，让应当受到严惩的罪犯受到较轻的刑罚；有的公民则认为司法过于严厉，让没有造成严重社会危害的罪犯受到较重的刑罚。司法裁判与社会期待之间需要相互调和、互相沟通，陪审制度的设立为司法与社会之间构建了一个良好的沟通渠道。司法裁判可以有效地反映公民意志，回应社会关切期待。在司法审判中，职业法官根据自己的法律逻辑评析案件，但作为普通公民的陪审员，则是根据社会普遍价值观来审理案件。虽然陪审员没有受过正规、专业的法律训练，但是对公平正义的追求迫使他们对价值诉求保持客观、理性的判断，通过裁判实现社会的主流价值，让司法反映民意。

① ［法］托克维尔:《论美国的民主》，董果良译，商务印书馆1989年版，第376页。

（三）司法维度

1. 案件事实的认定

客观事实和法律事实是两个不同的范畴。客观事实是现实生活中真实发生的事件本身，而法律事实是对客观事实的反映。职业法官通过一系列证据法上的制度设计，最大限度地追求法律事实与客观事实的一致。因为证据收集不完整、证据分析不全面、个人认识有偏差等原因，客观事实与法律事实可能不一致。为了尽可能地还原客观事实，对案件事实的认定成为诉讼活动的中心。

在英美法系的陪审团制度中，陪审团的功能就是认定事实，根据事实决定被告人是否有罪。陪审团是由普通公民组成的，陪审员运用其朴素价值观加之日常经验形成的经验法则认定案件事实，对于正确认定案件事实具有重要意义。一般而言，陪审团整体甚至陪审员个人有着比法官更为广泛的世俗经验，对被告人和证人所处的社会、普通人的情理更加熟悉，可以有效地弥补法官由于长期办案而形成的惯性思维及心理倾向，对审判的案件的实际情形能作出比法官更为中立客观的判断。正如法国社会心理学家古斯塔夫·勒庞所言："我们应当大力维护陪审制度，因为它是唯一不能由任何个人替代的群众类型。唯有它能缓解法律的严酷性。"[①] 在大陆法系的参审制度中，参审员同样享有事实认定权，参审员在认定案件事实方面，与英美法系的陪审团同样具有追求案件事实真相，实现实体公正的功能。在著名的刑法学家贝卡利亚看来，"根据感情作出判断的无知，

---

① ［法］古斯塔夫·勒庞：《乌合之众：群众心理研究》，何道宽译，北京大学出版社 2016 年版，第 167 页。

较之根据见解作出判断的学识要更可靠一些”[①]。从制度设计层面来看，陪审制度对事实认定问题一般采用一致通过原则。一致通过原则要求陪审员必须敞开心扉表达自己的观点，尽可能地衡量诉讼争议的焦点并发现事实，只有这样陪审团才能最后达成某种一致意见。一致通过原则还对无罪推定原则起到了保护作用，因为它迫使指控方要通过展示证据说服各种理智的人相信被告人有罪，从而减少错误定罪的可能性。

2. 多元观念的引入

在采用陪审制度的国家中，陪审员基本上是通过随机抽取的方式产生的。虽然随机抽选的具体操作方式不尽相同，但其主要目的都在于最大限度地保障陪审员的广泛性和代表性。职业法官在长期的审判实践中，严格依据大前提、小前提、结论的三段论逻辑模式推理认定案件事实，容易形成固定的法律思维模式。世界上没有同样的案件，也没有相同的案件事实，长期形成的法律思维模式有时难以驾驭复杂多变的案件事实。正如利益法学派代言人赫克所言：“法官仅仅依靠逻辑结构不能令人满意地处理生活的需要，只有当法官不只是一个按照逻辑力学的定律运转的法律自动售货机，立法者才能实现他的意图和满足生活的需要，因此，逻辑至上是要被检查和评价生活至上所代替。”[②]从事实重构的角度来看，如果事实重构者有着与被告人相似的生活经历，就能够进入纠纷产生的场景中，其重构的法律事实也最大限度地接近客观事实。因此，为了让法律事实更接近于客观事实，有必要让社会各阶层的人以大众思维模式参与对案件事实的重构，而这样的重构过程，更符合社会公众

① ［意］切萨雷·贝卡利亚:《论犯罪与刑罚》，黄风译，北京大学出版社2008年版，第21页。

② 转引自张文显:《二十世纪西方法哲学思潮研究》，法律出版社1996年版，第199页。

对裁判结果的预期。

通过将具有广泛代表性的公众朴素价值观引入司法裁判，最大限度地保障了不同群体在司法活动中能够充分表达自己的主张，使裁判结果能够同时吸收陪审员和职业法官的共同智慧。普通大众没有受过专业的法律训练，其思维模式也不依附于大前提、小前提、结论的三段论逻辑模式，但是对公平正义有着最朴素、最直观的理解和追求。职业法官通过注重程序合法、证据合法等因素确保案件审理的公正，但陪审员却将具有感情色彩的价值理念、是非观念带入审判程序，追求的是“欠债还钱”“因果报应”等社会通行的价值观念，更趋向于客观事实。用道德、情理描述案件事实，更符合社会大众的评判标准，也可以避免因严格依据法律的纯粹逻辑所作出的非正当的裁判结果。

3. 司法权威的树立

陪审制度的存在能够使社会公众最直接、最直观地感受司法公正。通过亲身参与司法审判活动，陪审员对本国司法制度的熟悉感、亲近感、信赖感都会逐步增强，对司法权威的认同也会随之产生。

通常而言，司法公信和司法权威的缺失主要源于社会公众对司法不公的指责。一方面，由于部分职业法官在专业素养和廉洁自律等方面的问题，个案的不公正裁判现象是客观存在的；另一方面，由于对司法活动存在陌生感，社会公众往往会因媒体或他人对司法不公现象的报道或传播对司法公信产生怀疑。同时，司法活动更注重程序正义和证据规则，而社会公众则更注重结果正义和朴素正义观。鉴于以上原因，司法的公信力和权威性常常受到挑战。

陪审制度能够有效调和上述矛盾，增进社会公众对司法的理解、支持和信任，进而提升司法公信、树立司法权威。一次陪审经历往往会胜过十次的法治宣传。通过亲身参与审判活动，陪审员能够对案件的事实认定或法律适用起到至关重要的作用，对裁判结果产生实质性影响，对司法程序也会有更加深入的认知。在监督制衡职业法官滥用裁判权的同时，陪审员对裁判结果的公正性会更加笃信，对司法的理解和信赖也会进一步增强。通过与法官的分工合作，陪审员对司法活动的认知会更加真实和客观。在法官的指引下，陪审员也对相关的法律知识和程序规则更加熟悉，学会了运用法律思维和法律方法分析和解决问题。这一方面有利于案件得到公正的裁决；另一方面也可以通过陪审员向身边的人分享司法感受，形成辐射效应，让更广泛的群体信任司法、尊重司法，使司法权威树立在更多群众的心中。

（四）个人维度

1. 公正裁判的获得

从案件当事人角度而言，获得公正的裁判无疑是其对司法机关最大的期待。对于那些事实清楚、法律规范明确的大多数案件，职业法官并不需要借助过多的价值判断就可以对案件进行公正的裁决。在这种情况下，基于案件本身是简单明晰的，职业法官的自由裁量空间是较为有限的，枉法裁判或怠慢误判的可能性是很小的。因此，在各国这类案件通常不采用陪审制度。但对于那些疑难复杂、社会影响较大的案件而言，案件事实的认定与法律规范的适用都需要借助裁判者大量的价值判断，如果仅依赖职业法官，获得公正裁判的风险则会增加。这一方面是由于法官在此种情形下的自由裁量权是很大的，在权力过大而没有有效制约的情况下，会存在权力滥用的风险；另一方面原因是，即便法官能够做到廉洁自律，由于职业惯性思维的束缚，对案件事实和法律适用的价值判断也很难做到完全的中立客观。对于此类案件，各国一般采用陪审制度调和这种矛盾。通过引入陪审制度，可以有效发挥陪审员对司法活动的监督制衡作用，保证法官依法裁判；更为重要的是，陪审员通过亲身参与案件的事实认定，可以将公众的朴素正义观应用于案件的价值判断之中，这对于案件当事人获得公正裁判是大有裨益的。

2. 法律知识的汲取

陪审制度是社会公众理解本国司法制度最为有效的途径。与其他普法方式相比，陪审制度通过让来自社会各界的陪审员亲身参与案件审判的全过程，更为直观、有效地向其传播了法律知识和法治思维。这对于提高社会公众的法律意识，增强其理解法律、运用法律的能力具有重要意义。

托克维尔将陪审制度称为“一所常设的免费学校”，并将陪审制度的教育功能概括为六个方面：第一，陪审制度，特别是民事陪审制度，能使法官的一部分思维习惯进入所有公民的头脑，而这种思维习惯，正是人民为使自己自由而要养成的习惯；第二，陪审制度教导所有的阶级要尊重判决的事实，养成权利的观念；第三，陪审制度教导人民要做事公道，每个人在审判他人的时候，总会想到他人来审判自己；第四，陪审制度教导每个人要对自己的行为负责；第五，陪审制度赋予每个公民一种主政的地位，使人人感到自己对社会负有责任和参加了自己的政府；第六，陪审制度对于判决的形成和人的知识的提高有重大贡献。[①] 由此可见，陪审制度将法治与守法的观念深深植入每一名陪审员的大脑，陪审员经过陪审制度的洗礼，可以身临

① ［法］托克维尔：《论美国的民主》，董果良译，商务印书馆1989年版，第316~318页。

其境地感受到国家的法律制度和法治精神，进一步理解法律的具体适用过程，在心中深深刻上法治的烙印。

陪审制度有利于社会公众掌握法律知识。无论是大陆法系的参审制度，还是英美法系的陪审团制度，均有对陪审员进行审前培训的制度。以法国参审员审前培训制度为例。法国主要采用协会培训与法庭培训相结合的方式。在协会培训方面，法国各省均设有专职的参审员培训协会，即老参审员协会。老参审员协会定期举办经验交流会，将曾经担任过参审员的公民和即将担任参审员的公民聚集在一起，互相交流审判经验并进行心理辅导，还定期邀请职业法官或法学专家、心理学专家进行专业辅导，使参审员充分了解国家的法律制度、专业领域的法律知识。通过上述协会活动，参审员掌握了必要的法律知识，坚定了法律信念，可以游刃有余地参与司法审判。重罪法院还为参审员进行专业的法庭培训，在向参审员发送召集通知时，还会向参审员送达实物指南，通过实物指南向参审员详细介绍审判流程、参审员的权利与义务、制度设置等内容，参审员可以通过该份指南了解基本的司法知识。重罪法院还会在每个审季开始的前一天播放专门的法庭培训录像，并对录像的内容进行讲解和分析，帮助参审员了解更多的司法信息和法律知识。

3. 法律信仰的树立

陪审制度作为一种社会公众参与民主政治的有效方式，有助于提升公民的法律意识，促进公民对司法裁判的接受和认同，并逐渐形成对法律的尊崇和信仰。

陪审制度有助于社会公众了解法律。对于社会各个阶层的民众来说，理解和适用法律并不是他们谋生的手段，所以对国家的法律知识和法律文化知之甚少。陪审制度为社会公众了解法律提供了有效途径。如前文所述，被抽选出的陪审员要接受相关机构的法律培训，这个过程让陪审员了解、熟悉国家的法律知识、法律文化以及法律制度，了解到法律所蕴含的公平、正义的价值理念，培养出积极、主动、认同的法律情感，感知法律精神的存在，逐渐形成法律意识。

陪审制度有助于社会公众相信法律。陪审制度通过社会权力参与司法审判的方式，让客观事实更贴近法律事实，实现了对审判权的监督与制衡，有效地防止了司法腐败，提高了司法公信力，保障了法律被公正执行。采用陪审制度审理的案件，最终判决更容易被社会公众所接受和认同，有效提升了社会公众对法律的信任感。

陪审制度有助于社会公众信仰法律。法律信仰的建立是一个法律文化不断积累的漫长过程。在公民的法律意识不断增强，对法律逐渐产生依赖的情感，对法律的公正实施给予坚定认同的情况下，法律自然树立起权威，全民自然形成守法、护法的氛围，法律必将为全民尊崇与信仰。

三、陪审制度的主要模式

从制度设计层面看，根据陪审员与职业法官在职责分工和司法权限方面的不同，传统意义上的陪审制度主要存在陪审模式和参审模式两种形态。英国和美国是采用陪审模式的典型国家，法国和德国是采用参审模式的典型国家。近年来，一些国家和地区掀起了一股司法改革之风，进行大胆的尝试与改革，形成了一种符合本国及本地区法律传统和历史文化的混合陪审模式。另外，针对某些特殊类型的案件，为了解决事实认定和法律适用问题，各国还在积极探索适用技术陪审和特别陪审等特殊陪审模式。

（一）陪审模式

英国是世界上最早适用现代意义陪审制度的国家，早期英国的陪审团制度主要应用于行政和财政方面。在亨利二世时期，陪审团出现于土地诉讼中，并随后扩大到所有的刑事案件。由于具有亲缘关系，美国的陪审团制度与英国的陪审团制度极其相似，但美国在对陪审团制度进行移植时，充分考虑了国家的历史因素和环境因素。

1. 制度理念

陪审模式注重对抗式的诉讼模式，法官和陪审员处于相对消极的状态，强调在双方的对抗中发现案件事实，注重陪审员和职业法官的职责分工，陪审员决定事实问题，职业法官决定法律问题，贯彻程序公正的司法理念，疑罪从无、宁纵不枉。

2. 机制设计

英美两国的陪审模式在机制设计上异曲同工，但在适用案件的范围、陪审员的资格、陪审员的选任方式、职责分工、合议程序等方面依然存在一定差异。

（1）适用案件的范围

在英国，陪审团制度曾同时适用于刑事案件和部分民事案件，但考虑到统一裁判标准问题，目前该制度仅适用于刑事案件。一般而言，可能被判处 6 个月以上监禁或处 5000 英镑以上罚金且当事人不认罪的刑事案件都要由陪审团审理。可以说，在刑事法院中陪审团与法官共同审理案件是一种常态。

较之英国，美国适用陪审团审判的案件范围要宽泛得多，既适用于刑事案件也适用于民事案件。美国联邦宪法规定：对一切罪行的审判，除了弹劾案件之外，均应由陪审团作出。被告有权由犯罪行为发生地的州和地区的公正陪审团予以迅速和公开的审判。对于那些诉讼标的超过 20 美元的民事案件，当事人也有权要求陪审团审判。由于大部分民事案件在判决前双方当事人就已达成和解，真正由陪审团审理的民事案件是很少的。

（2）陪审员的资格

依照 1974 年《英国陪审团法》的规定，任何在议会或地方政府中已做登记的年龄在 18~70 岁、自 13 岁起在英国连续居住 5 年以上的选民，有义务在受传唤时参加陪审团。值得注意的是，2016 年 11 月，英国已将陪审员的年龄上限调整到了 75 岁。与此同时，《英国陪审团法》附录一中的第三部分规定了三种类型的人员不能担任陪审员：第一，没有陪审资格的人，包括司法审判人员、与司法相关的人员、神职人员以及精神不健全的人员等。第二，被剥夺陪审资格的人。依照规定，对于被判处 5 年以上监禁刑罚的人，终身不得担任陪审员；被判处 5 年以下监禁刑罚的人及其他较轻刑罚的人，10 年内不得担任陪审员。第三，被免除陪审资格的人。超过法定年龄的上限、议会成员及现役军人等人员可以免除履行陪审员职责的义务。需要注意的是，2003 年《英国刑事审判法》对上述规定进行了修改，法官、警察、律师等也可以担任陪审员，但不能在担任陪审员期间表明身份。

美国联邦法院与各州法院对陪审员的资格都进行了规定，但具体要求不尽相同。一般而言，这些要求主要涉及国籍、年龄、住所、交流能力、身心状况、有无重罪前科等方面。各州基本要求陪审员必须是美国公民，对司法活动具有责任心。多数州将陪审员的最低年龄限定在 18 岁，而最高年龄则有所不同，有的州规定为 65 岁或 70 岁。未满 18 岁、非本国公民、不在本地居住、交流存在缺陷及被判处重刑的人，不能担任陪审员。值得注意的是，从法律规定上看，政府官员、律师、医生等专业人士并未被排除在陪审员的选任范围之外，只不过因回避申请或使用陪审义务豁免权等程序性规则，这些专业人士参与审理的案件较少而已。

（3）陪审员的选任

英国的陪审员是一案一选、一案一任。一般而言，每年进行选民登记后，选民登记官会向法院负责预备陪审员登记的工作人员提供相应人数的名单，由法官根据具体名单随机挑选。[①]当某一案件需要传召陪审员时，审理此案件的法院需要向英国司法部陪审团中央传召局提出传召陪审员的需求，由其负责通知该法院所在地区具有陪审员资格的选民参加陪审团。除非存在特别情况，选民一般都会按照程序的要求按期履行义务。如果选民没有提前做出申请延期或表示拒绝等回复，在到期没有到庭的情况下会被处以 1000 英镑的罚金。在庭审前，法院会传召 15 名选民到庭，通过现场随机抽选的方式确定 12 名陪审员组成陪审团。需要注意的是，在确认最终陪审团成员时，控辩双方有权申请陪审员回避，法官可以依职权排除候选陪审员，候选陪审员自己也可以申请回避。回避后，应再次以随机抽选的方式确定陪审员，直到最终确定 12 名陪审员为止。

在美国，各个州对陪审员的选任方式都作出不同的规定。有的州实行重要人物推选制度，即有一定社会地位、影响力的人推荐陪审员；有的州则采用随机挑选模式，从选民登记表、报税单、电话号码、车牌号码中随机选出陪审员，目前通用的模式是电脑随机挑选，挑选后的名单是一个总名单，具体案件的陪审员从这个总名单中选出。在确定总名单后，法庭应当向

① 齐树洁主编:《英国民事司法改革》，北京大学出版社 2004 年版，第 101 页。

名单中的公民发出通知，告知其被挑选为陪审员候选人，要求其在规定时间内向特定法院报到。被选中的公民如因身体原因、经济原因等特殊情况不能担任陪审员的，可以向法院作出说明，要求被除名。同英国一样，美国也是从既定的总名单中随机抽选出 12 名陪审员，控辩双方如果认为某一陪审员可能因种族偏见、与案件有特定的利害关系等影响案件公正审判的，可以要求其回避。与英国不同的是，美国存在无因回避，即控辩双方在要求某一陪审员回避时，可以不提供任何理由。《美国联邦刑事诉讼规则》规定：如果被控之罪可判处死刑，则各方当事人有权行使 20 次的无因回避。而如果被控之罪可判处 1 年以上有期徒刑，则政府有权使用 6 次无因回避权，而被告人或所有共同被告人有权使用 10 次无因回避权。[①]

（4）职责分工

在实行陪审团制度的英美法国家，陪审团与职业法官有明确的职责分工：陪审团负责案件的事实认定，法官负责案件的法律适用问题。以英国陪审团制度为例，陪审团的职责是对被告人是否有罪的事实问题进行认定，而对量刑一般不发表意见。通常而言，陪审团需要就被告人是否有罪作出一致性的认定，若不能达成一致意见，则采取大多数一致裁决的方式。陪审团的决定具有至高无上性，因此在作出决定时陪审团无须说明认定理由，当事人也不能就陪审团认定的事实问题进行上诉，其作出的裁决是具有终局性的。[②] 由于多数陪审员都不具备相关的法律背景，为保证陪审员在法律的规定下充分履职，法官需要对陪审团进行指引。在庭审结束前，法官会就案件审理

① 参见施鹏鹏：《陪审制研究》，中国人民大学出版社 2008 年版，第 138~139 页。

② 参见胡云红：《陪审制度比较与实证研究》，人民法院出版社 2014 年版，第 28~29 页。

做总结陈词，指引陪审团注意哪些证据属于非法证据，依法应予以排除，并详细说明相关的法律规定。但法官不得作出有倾向性的指引，以免影响陪审团作出犯罪是否成立的独立判断。

（5）合议程序

合议是秘密进行的，陪审团成员均有保密的义务，不得对外泄露合议的具体内容，如出现泄露庭审秘密等违法违规情况时，会被处以藐视法庭罪。

英国要求陪审团对事实的认定达成一致意见。在无法达成一致意见的情况下，采取绝对多数裁决的方式，即在陪审团人数不少于 11 人时有 10 人同意该意见，或在 10 人陪审团情况下，有 9 人同意该意见。如果陪审团无法达成一致意见，法官应解散陪审团，另行组成陪审团对案件重新进行审判。当陪审团对案件事实作出否定性认定时，被告人无罪；当陪审团认定案件事实成立时，法官需要综合考虑法律适用问题，对被告人予以量刑。

相比于英国，美国的标准更加严格。根据《美国联邦刑事诉讼规则》第 31 条的规定，陪审团裁决必须一致通过，并由陪审团在公开法庭上向法官宣告；如果被告人有两名或两名以上，陪审团在评议期间，可以对已达成一致意见的被告人宣告裁决；如果陪审团不能对所有被告人达成一致裁决，未能达成一致裁决的被告人有被再次审判的权利。对于不能达成一致意见的陪审团，也即“悬案陪审团”，法院将予以解散，并另行组成陪审团进行再次审理。[①] 对于民事诉讼而言，超过 30 个州都允许作

① 参见胡云红:《陪审制度比较与实证研究》，人民法院出版社 2014 年版，第 79 页。

出非一致性裁决，一般为简单多数表决或 2/3 多数表决。①

3. 实施效果

陪审团制度作为一种兼具政治属性和司法属性的制度，为维护社会的公平与正义作出了积极贡献。同时，作为一项古老的司法制度，陪审团制度也面临着新问题和新挑战。第一，陪审团制度的司法成本较高。由于陪审团的人数较多，国家在陪审员的随机选任、履职保障等方面需要投入大量物质成本和时间成本；作为公民的一项基本义务，陪审员在审理案件的过程中势必要停止正在从事的工作，既增加了司法成本，也增加了社会成本。第二，陪审团制度的司法效率较低。受限于陪审员的选任、回避、合议表决等程序性规定，采用陪审团制度审理的案件往往要延续很长一段时间。由于陪审员大多不具备法律背景，法官和律师为了使其充分理解庭审中的内容需要耗费更多的时间调整专业术语的表达。在陪审团成员无法达成一致意见时，案件还面临着重新组成陪审团审理的问题。因此，时间成本过高成为陪审制度的另一弊端。第三，陪审员的认知能力有限。为了保证广泛性和代表性，各国为陪审员设定的选任门槛是较低的。其中不乏个人素质偏低、责任意识不强、思维方式偏执、理解问题浅显、易受外界干扰的人士。对于疑难复杂案件，这类群体很难对案件的事实认定作出正确的判断。出于这种担忧，很多英美国家的专家学者对陪审团制度提出了质疑。

---

① 何家弘：《中国的陪审制度向何处去——以世界陪审制度的历史发展为背景》，中国政法大学出版社 2006 年版，第 84 页。

（二）参审模式

法国确立专职法官制度的时间较早，但随着1791年法国资产阶级革命的胜利，为了消除中世纪的司法腐败和法官专横，新兴资产阶级对英国的陪审制度逐渐认同并进行了移植。但由于历史、文化差异较大，法国于1811年废除了英国式的陪审制度，并逐渐形成了具有本国特色的参审制度。19世纪初，受法国司法制度的影响，德国也在某些地区照搬了法国的陪审制度，但由于诉讼模式的差异，陪审制度在德国未能发挥其应有的功能。1877年颁发的《德国法院组织法》明确了现行的参审制度。

1. 制度理念

在参审模式下，参审员既参与审理事实问题，也参与审理法律问题。这一模式旨在充分发挥参审员与职业法官的审理功能。相较于陪审团制度，法官有权力对案件的事实认定发表意见，有机会纠正陪审团在事实认定中可能出现的错误。职业法官可以通过自身的司法经验和专业能力为参审员提供有效引导，并为其正确判定案件提供充分的法律专业支持。同时，参审员来自普通公民，由其同时参与事实认定和法律适用可以有效制衡法官滥用权力，增加案件审理的透明度。

2. 机制设计

法国和德国是采用参审模式的典型国家，但两者在适用案件的范围、参审员的资格、参审员的选任方式、职责分工、合议程序等方面亦存在一定差异。

（1）适用案件的范围

在法国，只有量刑在10年以上的刑事犯罪才适用参审制审判。因此，重罪法院是法国的参审法院。依照《法国刑事诉讼法典》的规定，重罪法庭是省级法庭，每个省仅设有一个重罪法庭，但在人口众多、犯罪率较高的省份，重罪法庭可以根据所审案件的数量分为几个分庭。[①] 在民事诉讼领域，参审制的适用范围很小，主要适用于社会保障纠纷案件、商事纠纷案件、劳动纠纷案件及农业借贷纠纷案件等。

德国参审制度的适用范围比法国宽泛，不仅适用于刑事案件，还适用于民事案件和行政案件。对于刑事案件而言，德国适用参审制审判的刑事法院主要包括区法院和地方法院两种，不同审级、不同类型法院的法庭组成人员均有所区别。高等法院和联邦最高法院不设参审员。依照《德国法院组织法》的规定，区法院在审理可能判处有期徒刑 4 年及以上刑罚的刑事案件时，由 1 名职业法官和 2 名参审员组成参审法庭；地方法院在审理较为严重的刑事案件时，由 2 名至 3 名职业法官和 2 名参审员组成参审法庭。被告人不服区法院的刑事判决，就案件的事实问题和法律问题提出上诉的，地方法院作为二审法院由 1 名职业法官和 2 名参审员组成参审法庭，重新公开审理该案。对于所有第三审上诉案件，法庭均不设参审员。

（2）参审员的资格

依照《法国刑事诉讼法典》的规定，年满 23 周岁，可用法语读写，享有政治权利、民事权利和亲权的法国公民可以担任参审员。不得兼任参审员的人员包括政府、议会、宪法委员会、最高司法会议的成员以及社会、经济委员会成员；最高行政法院或审计法院成员、司法系统的法官、行政法院法官、商事法院法官、农村租约对等法庭的陪审官、劳资纠纷仲裁法庭的成员；政府或部、委的秘书长、局长，省级部门的官员；警察机关、狱政机关的官员和现役军人。不得担任参审员的人员包括

① 参见施鹏鹏：《陪审制研究》，中国人民大学出版社 2008 年版，第 160 页。

因重罪被判处刑罚，或者因轻罪被判处6个月或6个月以上监禁的人；正在受起诉的个人，或抗传的个人以及对其已签发押票或逮捕令的个人；被撤销职务的国家、省、市镇官员或工作人员；被撤销职务的司法助理人员以及经司法决定最终禁止履行职务的专业公会成员；宣告破产且未得到复权的个人；依照相关法律规定被禁止履行参审员职责的个人；处于司法保护的成年人、受监护的成年人、受禁治产的成年人以及安置于精神病机构管理的个人。①

德国的参审员要求必须是年满25岁且在该参审员推荐区域居住满1年的德国公民。根据《德国法院组织法》的规定，联邦总统、联邦或各邦内阁阁员、退休公务员、法官、检察官、律师、公证人、刑事执行人员、法院助理人员、神职人员、宗教团体成员、曾任名誉刑事法官8年且其职务结束距参审员任期开始未逾8年的人以及其他高级行政人员均不能担任参审员。此外，因故意犯罪被判处6个月以上监禁刑的人、因犯罪进入侦查程序可能被褫夺公职就任权的人以及受禁治产宣告的人不得担任参审员。参审员参加庭审是公民的义务，无特别情况不得拒绝，但下列人员可以免除此项义务：联邦众议院或参议院议员，各邦众议院或参议院议员；刚卸任的刑事参审员且任期中已履行了40日的工作义务；已就任名誉法官职务的；医师、护士、护理人员、没有助手的药房负责人等；已满65岁的人；因履行参审义务会严重影响其维持经济生活的人。

（3）参审员的选任

法国参审员的选任程序较为复杂，具体分为三个阶段：第一阶段是制定重罪参审员名单。每一个重罪法庭辖区每年度都

① 参见施鹏鹏：《陪审制研究》，中国人民大学出版社2008年版，第161页。

会制定一份重罪参审员总名单，该份名单由上诉法院第一院长或者其代表主持的委员会制定。第二阶段是制定审季参审员名单。审季参审员名单是在重罪参审员名单的基础上抽签产生。抽签活动必须在上诉法院第一院长或者重罪法庭所在地的大审法院院长公开开庭主持下进行，且必须在重罪法庭审季开始前30日完成。审季参审员名单包括35名正式参审员和10名候补参审员。审季参审员名单确定后，法庭书记官将根据重罪法庭所确定的审季开庭时间和地点，将审季参审员名单上登记的所有参审员召集到重罪法庭进行点名，名单上登记的参审员无故不能缺席，否则将被处以13 750欧元的罚款。第三阶段是确定具体案件的参审员。在每一个具体案件开庭前，法官在被告人在场的情况下，以公开开庭的方式从审季参审员中抽签产生9名正式参审员以及数名候补参审员。候补参审员仅在正式参审员不能参加庭审的情况下，参加法庭合议。控辩双方均享有有因回避权和无因回避权，其中控方可以行使4次无因回避权，辩方可以行使5次无因回避权。①

依照《德国法院组织法》的规定，德国的参审制度同时适用于区法院、地方法院和少年法庭，参审员的选任程序也不尽相同。

在区法院的参审员遴选中，首先应由乡镇代表会每四年编制一次参审员推荐名单，且该名单需要经过乡镇代表会法定人数的2/3同意。推荐参审员时必须综合考虑被推选人员的性别、年龄、职业、文化程度及社会地位等各方面因素，确保其具有广泛的代表性。推选完成后，参审员名单应在各乡镇进行为期一周的公示，供区法院管辖区域内的居民提出异议。对于推荐

---

① 参见施鹏鹏：《陪审制研究》，中国人民大学出版社2008年版，第161~162页。

人员的异议，乡镇长应将名单连同异议书送交管辖区域的区法院法官，由参审员选举委员会以过半数的决议来决定。参审员选举委员会一般是由区法院法官、邦政府指派之行政人员1人、居民代表10人所组成的团体，每四年召开一次。委员会以区法院法官为主席，居民代表为会审人员。推荐名单依照上述程序制作完成后，由乡镇长送交管辖区域的区法院法官，由其对推荐人员名单进行进一步审查。审查无误后，由参审员选举委员会进行选举，以2/3多数选出参审员及候补参审员。经过上述程序所选出的正式参审员、候补参审员，分别制作名册。每一参审员每年应邀出席正式开庭的天数一般不超过12日。至于参加正式开庭日的顺序，则在区法院开庭前以抽签方式决定。

地方法院刑事庭参审员的选任，在程序上与区法院大体相同。但两者的主要差异体现在如下几个方面：对于刑事庭参审员的人数，应由地方法院院长决定；地方法院院长应汇集参审员姓名，单独作成地方法院参审员名册；在同一司法年度内，不得同时担任区法院的参审员和刑事庭的参审员，仅能被任命为区法院参审员或地方法院刑事庭参审员。

少年法庭参审员的选任程序总体上与前两者一致。其特殊性主要表现在以下几个方面：少年参审员必须具备教育的能力与经验，且男女各占一名；少年参审员的推荐名单是由少年福利委员会制作的，而不是由乡镇代表会制作；无论是区法院的少年参审法院参审员，还是地方法院的少年庭参审员，人数都为两名，因此名单应按照性别分别制作。[①]

（4）职责分工

参审模式的主要特征是参审员既参与案件事实问题的认定，

① 参见张丽卿：《刑事诉讼制度与刑事证据》，中国检察出版社2016年版，第18~20页。

也要在法律适用问题上发表意见。法国和德国的参审制度都遵循着这样的原则。通常，参审员必须按照法律的规定准时到庭参与案件的审理，行使自己的审判权。在庭审过程中，参审员有权参与庭审调查，经过审判长许可，还有权向被告人、证人、鉴定人等发问，以查明案件事实。对案件被告人所作的每一项裁判，参审员与职业法官享有同等的表决权。以德国为例，由于其对司法职业化的推崇，司法活动高度专业化和技术化，非法律人士一般很难理解司法活动中晦涩难懂的专业术语。司法对于普通公众的距离感和陌生感会由此滋生，加之法官长期形成的思维定式容易使其裁判有失公允，公众对司法的信赖会大为削减。赋予参审员同法官相同的事实认定和法律适用权，能够有效地解决这些问题，维护司法民主，树立司法公信。虽然司法民主与司法职业化之间存在无法调和的矛盾，但参审制度作为一种“民主的”制度具有积极的象征意义。[①]

（5）合议程序

法国的重罪法庭采用参审模式审理案件。在重罪法庭，初审案件一般由3名职业法官和9名参审员组成合议庭审理；上诉的重罪案件由3名职业法官和12名参审员组成合议庭审理。在合议程序中，对被告人的定罪和量刑是分别进行合议的。

首先，由职业法官与参审员对被告人的定罪问题进行合议，并以审判长在提问阶段提出的问题为基础。这些问题都写在一张纸上，职业法官跟参审员对每一个问题均投票表决，根据自己的判断在纸上写上“是”或“否”，并将写好的票折叠后交给审判长，由审判长投入票箱，投票的内容不得让他人看见。其次，审判长当场开票，并写明表决结果，票箱随即销毁。所有

---

① 参见［德］托马斯·魏根特:《德国刑事诉讼程序》，岳礼玲、温小洁译，中国政法大学出版社2004年版，第30页。

对被告人不利的判决至少应达到8票，才能判定被告人有罪。空白票或者经多数人认为无效的票，均应作为有利于被告人的票进行计算。最后，由职业法官与参审员对被告人的量刑问题进行合议，该程序同样以表决的方式进行。通常情况下，有关刑罚的决定权仅需达到合议人的简单多数即7票即可通过。但是，在重罪法庭一审中，判处最高刑期的自由刑必须达到8票才能通过。如果判处最高刑期的自由刑仅达到7票，则在法定最高刑为无期徒刑时，法庭应当判处不超过30年有期徒刑；在法定最高刑为30年有期徒刑时，法庭应当判处不超过20年有期徒刑。如果经过前两轮表决，均未达到简单多数票，则需要进行第三轮表决，法庭应当排除第一轮投票中建议的最高量刑并依次进行，直至最终确定被告人的刑罚。①

德国的刑事参审法庭有两种组织类型：一种是小刑事法庭，由1名职业法官和2名参审员组成合议庭；另一种是大刑事法庭，由3名职业法官和2名参审员组成合议庭。依照《德国法院组织法》的相关规定，合议在审判长主持下秘密进行。参与合议的人员均可查阅卷宗及法官的个人笔记。如果经合议未达成一致意见，则法庭通过投票解决这个问题，按照年龄顺序依次由参审员、法官投票，最后由审判长投票。对于重大程序问题，表决需要达到简单多数；对于罪责及刑罚问题，表决需要达到2/3多数。

3. 实施效果

大陆法系的参审制度吸收了英美法系的陪审团制度的基本原理，在结合了本国的历史传统和法律文化的基础上，通过不断探索改良，形成了独具特色的本土化陪审制度。可以说，参

---

① 参见施鹏鹏：《陪审制研究》，中国人民大学出版社2008年版，第170~171页。

审模式对于保障司法民主、树立司法权威、提升司法公信和维护司法公正具有不可替代的作用。

然而，各国对参审模式的质疑声也从未消退。第一，参审员的参审能力有限。由于参审员来自社会公众，其知识结构、思维方式、认知能力不一定都处于社会的平均水平。对于那些能力不足的参审员，能让其完全理解庭审内容就已十分不易，对复杂的案件事实进行认定、陌生晦涩的法律适用发表意见更是难上加难。因此，很多国家质疑参审员在庭审中的作用，认为其对司法活动的监督和制衡是流于形式的。第二，参审模式的成本耗费较大。无论是参审人员名单的推选、确定以及参审员的随机抽选，还是因参加庭审所需要补偿的物质成本和社会成本，都需要耗费大量的人力、物力，增加财政上的负担。第三，参审员的代表性不足。比如，德国参审员的遴选具有一定的政治色彩，参与政党工作的人被选为参审员的概率很大，而对于劳工阶级、家庭主妇等群体被选为参审员的机会是很渺茫的。[①]

（三）混合模式

在陪审制的发展进程中，一些国家和地区相继引入了陪审制度，但在制度理念和机制设计上，又与传统的陪审模式和参审模式不尽相同，我们将这种在实践中探索出的独特模式统称为混合模式。其中较有代表性的是韩国的陪审制度和我国台湾地区的人民参审制度。

---

① 参见张丽卿:《刑事诉讼制度与刑事证据》，中国检察出版社2016年版，第24~26页。

1. 韩国的陪审制度

韩国国民参与审判制度之构建肇始于2003年的司法改革。为了解决国民对司法的不信任问题，建立符合国际发展趋势的司法制度，韩国国会颁布了《国民刑事裁判参与法》与修正后的《刑事诉讼法》，并于2008年1月起施行。至此，重大刑事案件的审理吸收一般国民参与的制度得以正式确立，并定于2013年全面推行。[①]

根据《国民刑事裁判参与法》的规定，公民有参与审判的权利和义务。对被告人至少需要宣告1年以上有期徒刑的案件，都可适用陪审制审判。在满足陪审制适用条件的案件中，被告人有权自由选择是否由陪审员参与案件审理。与其他国家不同的是，即便某案件依法属于陪审制的适用范围，被告人也必须主动提出申请，才能按照陪审制方式进行审理。在被告人未提出申请的情况下，法院不能违背被告人的意愿依职权强制采用陪审模式。

在陪审员资格方面，年满20周岁的韩国公民都有资格当选为陪审员。与其他国家类似，禁治产人或者限定禁治产人、被判处监禁刑罚的人等群体不得担任陪审员；国家公职人员、现役军人等群体不能被选任为陪审员；与案件存在利害关系的人不能在该案件中担任陪审员。作为一项法定义务，若无特殊情况，原则上满足条件的公民不得拒绝履行陪审义务。但对于年满70周岁的人、过去5年内曾经以陪审员候选人身份参与过选任程序的人、以禁锢以上刑罚被提起公诉且案件尚未终结的人、依法被逮捕或正在受到拘禁的人、因履行陪审员职务将会给自己或者第三人造成危险或带来职业上不能恢复的损害的人、因

① 汪习根：《陪审制度的比较与评论——以日本、韩国、台湾地区模式为样板》，载《法制与社会发展》2015年第2期。

身体原因出庭有困难的人，可以免除其陪审义务。

在陪审员选任方面，韩国采取随机抽签的方式遴选陪审员。首先，地方政府每年从在其管辖区域内居住、年满 20 周岁的公民中抽选出一定数量的公民，按照法院的要求将其姓名、出生日期、住所、性别等信息以电子档案的方式提交给法院，法院随机抽选出一定数量的陪审员作为预定候选人，制成当年度陪审员预定候选人名册。其次，当具体案件需要陪审员参与审判时，法院从陪审员预定候选人名册中随机抽取一定数量的候选陪审员，并通知其在指定日期到法院接受选任。最后，由合议庭法官组织选任程序，检察官和辩护人原则上必须参加，被告人则需经法院准许后才能参加。通过法官询问确定不存在法定排除事由时，陪审员才完成选任程序。对于可能判处被告人死刑、无期徒刑的案件由 9 名陪审员参审，其他案件由 7 名陪审员参审。

在合议程序中，陪审员的评议涵盖了事实认定和法律适用两方面。在审判长向陪审员进行相关解释和说明后，陪审员开始就被告人是否有罪进行评议。如果半数以上陪审员同意，则可以听取参审法官的意见。法官表示意见后，陪审员单独进行评议，法官不能参与表决。如果陪审员不能就被告人是否有罪达成一致意见，则陪审员必须听取参审法官的意见。此后，陪审员单独就被告人是否有罪进行评议，此时只需陪审员达成多数意见即可。如果陪审员决议被告人有罪，则陪审员与法官共同就量刑问题进行讨论并陈述意见。然而，陪审员对被告人定罪与否的决议不具有法律约束力，对法官而言只具有劝告效力。法官可以采纳与陪审员相同的结论，也可以作出与陪审员全部或部分不同的结论。当法官采纳与陪审员评议不同的结论时，必须说明理由。[①]

2. 我国台湾地区的人民参审制度

我国台湾地区在借鉴各国陪审团制度和参审制度的基础上，创设了人民参审制度。为了应对公众对司法专制的批判，1987年我国台湾地区就开始研究制定民众参与审判的相关方案。但相继完成的“刑事参审试行条例草案”“专家参审试行条例草案”等，因各方意见不统一，一直以来都被束之高阁。[②]直到2012年，我国台湾地区公布了“人民观审试行条例（草案）”，并提交给立法机构审议。由于“观审”二字颇有流于形式之虞，2014年“人民观审制”的名称被改为“人民参审制”，但该制度的基本内容并未发生变化。

适用人民参审制审理的案件主要为重大、争议较大、易于公众判断的刑事案件。除少年刑事案件和毒品犯罪案件以外，下列一审公诉案件，应当实行人民参审制审判：一是被告人会被处以7年以上监禁刑的案件；二是因故意犯罪而致人死亡的案件。与韩国不同的是，我国台湾地区的参审制度并未赋予被告人选择权，案件是否采取人民参审的方式审理需要由法院依职权决定。

在参审员资格方面，对于年满23周岁，在法院管辖区域内连续居住4个月以上的民众，都可担任参审员和后备参审员。总体上看，我国台湾地区参审员的选任条件还是较为宽泛的。然而，被剥夺公权尚未恢复的人、受到撤职停职等处分的公务人员、因案件导致人身自由受到限制的人、被判处过有期徒刑以上的人、因自身健康无法履职的人不得被选为参审员。不具

① 参见胡夏冰：《韩国陪审制的基本内容》，载《人民法院报》2014年9月26日，第8版。

② 参见李太正：《陪审与参审》，载《检察新论》2007年第2期。

备高中以上学历的人及法官、检察官、律师、公职人员、现役军人等群体不能被选任为参审员。此外，与案件有利害关系的人原则上不得担任该案的参审员。作为一项法定义务，若无特殊情况，原则上满足条件的人不得拒绝履行参审义务。但对于年满 70 周岁的人、学校教师和在校学生、因身体原因无法履职的人、曾任参审员或者后备参审员未满 5 年的人等群体，出于人文主义关怀，可以免除参审义务。

在参审员选任方面，政府部门每年会从辖区内具有参审员资格的人员中，按照法院所需人数要求，以随机抽选方式选出备选参审员，并制作好初选名单送交法院。法院收到初选名单后，会成立以院长为召集人的备选参审员审核组，对初选名单中的备选参审员资格进行审查，并制作好复选名单。该小组一般由法官、检察官各 1 人，民政部门负责人，律师代表 1 人，其他社会公正人士 1 人组成。在案件开庭审理前，法院从备选参审员复选名单中随机抽选出该案所需人数的候选参审员，并通知其到庭时间。审判长在参审员选任的当天需要将候选参审员的调查表提供给检察官和辩护人审阅。在参审员选任程序中，法院可以对到庭的候选参审员进行询问，检察官或者辩护人有权询问。当事人和辩护人在询问候选参审员后，有权提出无因回避。在各方无异议后，法院从合格的候选参审员中，以抽签的方式抽选出 5 名参审员作为该案的参审员，选任程序也随之完成。

在采用参审制的案件中，一般由法官 3 人和参审员 5 人共同组成合议庭进行审判。参审法庭讨论结束后，参审员需要就事实认定、法律适用和量刑等问题分别陈述意见并由书记员整理成意见书。审判长依据书记员作成的意见书，制作终局评议的参审员多数意见书，并由持多数意见的参审员确认无误后签名，附在卷宗之内。值得注意的是，参审员陈述意见对于法官而言并没有拘束力。当法官作出的裁判结论与参审员多数意见不一致时，其只需在判决书中说明原因即可。①

3. 实施效果

混合模式为人民参与审判制度提供了另一种样本。混合陪审模式拉近了公众与司法之间的距离，在规范司法行为、提升公众法律意识、树立司法公信等方面取得了积极的效果。然而，在混合模式中，陪审员或参审员虽然可以就事实认定和法律适用问题发表个人意见，但其意见对于法官来说没有任何拘束力，无法对法官裁判进行有力的监督和制衡，陪审制度的司法价值未能被充分挖掘出来。基于此，一些学者对混合模式的实际价值持怀疑态度。

（四）特殊模式

从陪审制度的基本价值理念来看，特殊形式的陪审制度并不属于真正的民主陪审制度，而只是一些具有陪审制度若干技术特征的审判形式。② 特殊模式的陪审制度主要包括两种：技术陪审和特别陪审。

1. 技术陪审

所谓技术陪审，是指在刑事审判中由掌握专业知识、技术的专家、学者组成常设的专业陪审团，参与案件的审理。

支持设立技术陪审的学者认为，随着科学技术的发展，许多领域的技术变化日新月异，而且刑事审判涉及的诸多利益关系错综复杂，职业法官以及参与审判的社会大众所掌握的法律

---

① 参见胡夏冰：《台湾人民参审制的基本内容》，载《人民法院报》2014 年 10 月 17 日，第 8 版。

② 参见施鹏鹏：《陪审制研究》，中国人民大学出版社 2008 年版，第 187 页。

知识和社会常识不能满足现实审判的需要，应当由在涉案领域掌握专业技术知识的专家、学者来审理案件。比如，由专家、学者与普通民众组成混合陪审团，共同认定案件的事实，再由职业法官决定案件的法律问题；或者由职业法官、精神病学专家、法医、其他领域专家组成12人的陪审团对案件进行裁判。

目前，技术陪审只停留在理论探讨阶段，在司法实践中应用极少。究其原因，技术陪审的构建有以下几点不足：

第一，陪审制度设立的目的是最大限度地让社会大众参与审判，有效地行使司法权，实现人民主权的价值，技术陪审反而限制了社会公众参与审判的机会。

第二，为了解决刑事审判中的专业技术问题，庭审时可以由鉴定人或者专家出庭，详细阐述专业领域的知识，并接受控辩双方的质询，帮助法官、陪审员了解、掌握与案件有关的专业知识，无须再由专业领域人员组成陪审团认定案件事实。

第三，专业领域的专家、学者不易界定，如何形成专家陪审员总名单，如何从总名单中确定出具体案件的陪审员，专家、学者是否愿意参与庭审等一系列问题不易解决，可操作性不强。

2. 特别陪审

所谓特别陪审，是指在未成年人犯罪、政治犯罪等特殊案件中，由在相关领域掌握专业知识、技术的人员组成陪审团，参与案件的审理。

与技术陪审不同，部分国家设有特别陪审制。依照《法国司法组织法》的相关规定，法国少年法院的合议庭由职业法官与若干参审官组成。参审官由30周岁以上、具有法国国籍、对未成年人问题具有兴趣和解决能力的公民担任。通常情况下，参审官多为未成年人刑事犯罪专家或未成年人感化教育机构的负责人，突出了保护未成年人合法权益的目的。法国最高特别法院负责审理总统涉案的叛国罪案件，合议庭成员由两院议员组成，旨在保护政治权利行使的正当性。

从功能来看，特别陪审可以保障特殊案件中当事人的合法权益，但其设立的目的与陪审制度的初衷相悖，其使用的范围具有一定的局限性。

第二章
陪审制度的域外考察

目前，世界各国的陪审制度发展各异，对其制度效能的评价亦褒贬不一。但不可否认的是，陪审制度对于保障司法民主、实现人民主权具有不可替代的意义和作用。

从陪审制度诞生之日起，关于普通公民是否应当参与审判，以及怎样参与审判的争论从未停息。一国的司法制度不会因缺乏公民参与就一定不公正，也没有足够的证据证明因有普通公民的参与就一定公正。但不可否认的是，让普通公民以某种方式参与审判应当是文明和民主国家不可或缺的象征。国家政治的修明，必须以满足人民的要求并使人民的意志能够得到表达为前提。如果国家机关只有官僚政治的形式，没有人民的广泛参与，该国就不能被称为民主国家。法国思想家托克维尔指出："陪审团制不仅是让人民进行治国的有效方法，也是把治国方策教导给人民的最好办法。国民参与审判制度是国民参与国家管理的有效方式。"[①] 建立国民参与审判制度已经成为法治文明国家司法制度的主流。

---

① 参见［法］托克维尔：《论美国的民主》，董果良译，商务印书馆1989年版，第244页。

一、域外陪审制度的起源

（一）陪审制度起源的学说

学界一般认为，研究陪审制度的起源问题应对陪审制度的原始形态和现代陪审制度的原型加以区分。

1. 陪审制度的原始形态

陪审制度的原始形态出现在古代雅典。顾准先生指出："古希腊的梭伦首创了陪审法庭的新制度，原意当是'作为法庭的公民大会'。其实际状况，不外行政官员于市集日在市场上审理讼案，而由有空暇时间的若干公民参加，但是把这种办法制度化起来，则是司法上民主化的重要措施。"[①] 梭伦是古希腊"七贤人"之一，他于公元前 594 年在雅典首创人民审判所，又称公众法庭。人民审判所一般从年满 30 岁的雅典公民中选举产生委员组成，委员按照一定的顺序轮流参加案件的审判。这些委员史称 Heliasten，是后世民选法官的雏形。每次参加审判的委员大概是总数的十分之一，法官通过往票箱内投放石子确定审判结果。[②] 这样的制度设计本应作为司法民主化的先声而名垂青史。遗憾的是，有关人民审判所的最著名案件是将苏格拉底判处死刑。关于这一案件，他的学生柏拉图和色诺芬都有详细的记载流传至今。该案的审判员共有 501 人，以 281 票对 220 票决定判处苏格拉底死刑，罪名是"窥探天上地下的事物，把坏的说成好的，并且以此来蛊惑青年"[③]。在苏格拉底离世 14 年以后，雅典就为他平反昭雪，诬告者被判处死刑。这一历史悲剧是人

① 顾准：《希腊城邦制度》，贵州人民出版社 1995 年版，第 172 页。
② 参见何家弘：《陪审制度纵横论》，载《法学家》1999 年第 3 期。
③ 许良英、王来棣：《民主的历史》，法律出版社 2015 年版，第 22~23 页。

民审判所的一大污点，触发了对当时民主制的否定思潮。

2. 现代陪审制度的原型

现代陪审制度的原型，在19世纪中期之前缺少实证主义的研究，带有推论性猜测的色彩。19世纪中期以后，德国历史法学派的著名代表人物海因李希·布鲁纳（Heinrich Brunner）在其代表作《陪审制的起源》中首次指出，陪审制的原型是日耳曼法兰克王室的信息调查制度。该制度是法兰克王室效仿罗马帝国国库制度所设立的一种独裁工具，用以调查国内的相关信息尤其是财政信息。布鲁纳的观点在当时得到了一些主流历史法学家的认同。不过也有观点认为陪审制的历史更为久远。据威廉·斯塔布（William Stubbs）考证，早在公元997年，《埃塞雷德二世法典》便在英国旺蒂奇地区设立了一种所谓的十二领主制度，即由该地区各小邑选出具有良好声誉的12名领主，在宣誓后负责起诉本地区内所发生的所有犯罪行为。斯塔布认为，这是起诉陪审团的前身。[①] 此后又出现了折中说等观点。

我国学界基本采用布鲁纳的观点，但是明确其源于布鲁纳的很少，“信息调查制度”的译法也不同。焦诸华译为“调查制度”[②]，李昌道、董茂云译为“询问制度”[③]，高一飞译为“邻里作证”[④]。

（二）民众参与审判的历史形态

陪审制度的原始形态和现代陪审制度的起源具有深刻的内

① 参见施鹏鹏：《陪审制研究》，中国人民大学出版社2008年版，第8~9页。

② 参见焦诸华：《英国陪审制度的历史嬗变及存废之争》，载《政治与法律》2001年第5期。

③ 参见李昌道、董茂云：《陪审制度比较研究》，载《比较法研究》2003年第1期。

④ 参见高一飞：《上帝的声音：陪审团法理》，中国民主法制出版社2016年版，第1页。

在连贯性。现代陪审制度实际上就是从古雅典的人民审判所发展而来的。古雅典在历史的潮起潮落中早已荡然无存，然而人民审判所形式虽失、实质不灭，其中蕴含的精神在英国首先复归，最终形成了陪审制度。

古雅典灭亡后，人民审判所并未湮没在历史的尘埃中。后世的古罗马继承了人民审判所的精髓，在共和时期和帝政初年的民会、审问委员会和常设审问委员会都是由民选委员担任审判者。[①]

古罗马帝国分裂后，欧洲进入了中世纪。不久，日耳曼民族开始向南迁徙，建立法兰克王国。到查理大帝[②]时期，全欧洲已经基本在其统治之下。日耳曼民族的古代“参审”也在这一阶段成为一种常设制度。

当时的诉讼，多因不法行为而起。一方以不法行为造成另一方死伤的，最初仅由被伤害人的家族私力救济，国家没有审问的义务。为了防止因家族之间的相互复仇引发社会秩序混乱，国家开始要求不法行为者用赎罪金换取被害人家族抛弃复仇权利，赎罪金数额根据伤害程度和身份地位而定。除了造成死伤的，其他一般侵权行为只能通过私力救济。换言之，当法益受到侵害时，解决争端的模式为当事人处分主义，而不是弹劾主义。当事人如果不选择私力救济，也可以选择仲裁。仲裁人由当事人自主选择，如果通过仲裁者斡旋达成合意，侵权人需要缴纳赎金。国王发现仲裁产生的赎金是增加国家收入的重要途径，产生了公权力介入刑事审判的动机，人民审判所应运而生。

---

① 参见阮毅成：《陪审制度》，上海世界书局 1933 年版，第 18~46 页。

② 即 Charles the Great 或 Charlemagne，又称查理曼大帝、卡尔大帝，法兰克王国加洛林王朝国王，神圣罗马帝国的奠基人。法兰克王国是日耳曼人建立的封建王国，到查理大帝时期达到全盛。

人民审判所，有大人民审判所和小人民审判所之分。两者同样有民事和刑事案件的管辖权，区别在于前者对死刑和重刑案件有专属管辖权。审判长受国家元首的委托成为代理官，其职责是维持法庭秩序，指挥诉讼程序的进行，案件由民选经宣誓的判决人负责。同时，全国被划分为若干县，县长作为国王在该县的代理官，也管理审判事务，并划分审判区，由本地住民选代表参加审判。为确保人民参加审判，查理大帝设置了巡察使，到各地督促人民参加审判，并将"参审"作为常设制度。这种制度设计更利于维护社会秩序、化解社会矛盾，对于司法文明具有重要意义。然而，在实际运行中，本地住民因被选为参审代表，经常要放弃自己本来的工作，给正常的生产生活带来了诸多不便。

"参审"的词源是Schopfen，有创造、发现法律的意思。查理大帝认为当时犯罪的人很多，为了维护立法权和司法权的权威，希望从民间习惯中寻找法律渊源，作为必要补充。这种习惯多是不成文的，只有询问当地父老才能知道，所以要"发现"法律。在选任程序上，通常通过人民集会选举常任的代表，宣誓后履行职务，成为真正的参审员。参审员通常由7人一起执行职务，在特定情形下也有12人一组的。此时的"参审"，是为了维持日耳曼传统司法制度而进行的改良，虽然与日后英美法的陪审制和大陆法的参审制不是同一概念，却传承着同样的法制精神。

在中世纪的欧洲，不同民族治下都出现了与古代"参审"类似的法律制度。散落在不同民族法律制度中的陪审制精神，既被统治者作为政治改革工具，也被人民作为维护权利的武器，最终发展成形。

（三）陪审制度在英国的形成

英国陪审制度的形成，是“日为英用”的必然结果：日耳曼民族的推问手续在民事审判中用来确认事实，在刑事审判中乡邻决定是否起诉或者有罪。这种制度传入英国后，与英国本土同辈审判精神相互融合，形成了英国的陪审制度。

1.“推问手续”在英国的推广

日耳曼法兰克王国的推问手续制度在英国司法审判中的应用，对于英国陪审制度的形成起到了至关重要的作用。

日耳曼法兰克王国的推问手续，是审判官审问推问之意，也就是布鲁纳所说的信息调查制度，盛行于公元9世纪。它的基本程序是审判官在所在地住民中指定若干有名望的人，命他们宣誓，确定一些事实。当时查理大帝发现王室土地经常被私人占据，希望进行清查整理，于是命审判官到各地采用推问手续搜集证据，恢复国王对王室土地的权利。此后，推问手续开始适用于国库、寺院等领域，并逐渐发展到私人身份、租税的调查等方面，在特定案件中也出现了拓展至平民的情况。被审判官选择的人，可称为宣誓员或被推问人，具有官选证人的性质。当事人在受到严格限制的情况下，也有选择证人的权利。两种证人的不同之处在于：官选证人一般保持中立，其主要任务是提供证言和认定事实；而民选证人一般致力于当事人一方的权利，有时还要作为当事人决斗的公证人。

查理大帝逝世后，法兰克王国分裂，欧洲一度陷入混乱。日耳曼人的一支——诺曼人在首领罗洛的带领下，占有原法兰克王国的一部分，继续实施推问手续。后来，诺曼人的首领威廉一世征服英国三岛，创设封建制度。在封建制度下，土地全部为国王所有，国王将土地分封给诸侯。土地分封是政治、经济、社会组织和军事等全部统治秩序的基础。封建制度的发达，使得诸侯的实力显著增强，王权有旁落之虞。威廉一世来自欧洲大陆，对这一情况非常了解。为了巩固统治，避免重蹈覆辙，他派人到各地彻查土地人口情况，利用推问手续，编制了著名的土地台账——《土地税赋调查书》。该调查始于1084年冬，仅1年时间，除北英四州之外的所有土地信息已被调查清楚，该台账成为今日英国习惯法最重要的资料。推问手续的推广使中央王权得到了巩固扩张，地方诸侯的权力受到了遏制，国家的司法收入开始增加，在当时具有进步意义。不过，此时的推问手续还只是在行政管理中适用。

相比而言，英国的司法审判最初并未采用推问手续，常用的审判方法主要有四种：誓证法（Trial by Compurgation）、人证法（Trial by Witnesss）、苦证法（Trial by Ordeal）和决斗法（Trial by Battle）。①

誓证法要求负有举证责任的当事人召集法定数目的社会贤达，在受审当日到法庭为他的品格宣誓作证；如果其人格信用得到证实，当事人自已宣誓陈述的案件事实便得到证实。

人证法与誓证法类似，区别是当事人召集的社会贤达要证明他所陈述的案件事实。

苦证法主要包括冷水审、热水审、热铁审和面包审。冷水审要把当事人推下一池冷水，如果能沉下去，表明水愿意接受，就证明无罪；反之有罪。热水审要求当事人把手伸到一缸开水里取出一块石头，然后用绷带把那只手包起来，三天以后打开看。如果手上的创痕全好了，便证明无罪；反之则有罪。热铁审要求当事人从烧红的热铁上走过，或者提着一块烧红的热铁

① 关于这些审判方式的译法不尽相同，作者采用梅汝璈的译法，并借鉴梅汝璈对四种审判方式的解释说明。

走一段路，然后把烧伤的脚或手包扎起来，三天以后如果痊愈，便证明无罪；反之有罪。面包审要求当事人把一块干面包咽下去，咽下去就无罪；咽不下去或者恶心、疼痛就证明有罪。

决斗法是随诺曼征服传入英国的，要求双方当事人各持武器，在法官监视下比武，时间是一个白天，即从太阳升起到星辰出现。胜者即胜诉，难分胜负时负有举证责任的当事人败诉。

上述审判方法都建立在“神裁”观念上，其中苦证法是最典型的“神裁”，狭义上可以与神裁审判方法等同。它们的缺陷显而易见，为了改革审判方式，英王亨利二世决定在司法审判中施行推问手续。在新设的法院系统——王室法院中，法官适用普通法，被允许采取推问手续审判。由此，推问手续从王室专用到平民适用，从适用于行政管理到适用于司法审判，正式开始向陪审制演化。在这一过程中，英国本土的同辈审判制度同样发挥了重要作用。

2. 同辈审判制度的助推作用

同辈审判制度对于英国陪审制度的形成起到了重要的助推作用，与推问手续的内在精神具有很大的相似性。

所谓同辈审判，主要是指法院按照不同的阶级组织，将各阶层彼此区别开来，由其所属各阶层法院采用各自的审判方式进行审判。由此，武士有武士的法院，僧侣有僧侣的法院，平民有平民的法院。同辈审判制度虽然在本质上属于封建制度森严等级下的产物，但其对于底层民众维护自身权利具有一定的积极作用。

英国本土有强盛的同辈审判传统。在英国首都之外，地方行政分为三级：城、镇和乡。城有城会，行使一城的审判权。城会每年举行 2 次，城管理者、僧侣贵族、自由民出席，城下属各镇每镇选 12 人出席。城市长官虽然是地方官，但是代表国王的权威和利益，参加城会事务时兼掌立法、司法、行政各项工作，其中司法权尤其重要。除了国王近侍和国家重臣由国王负责审判之外，其他司法审判工作都是由各城市负责，并受理不服各镇审判的上诉案件。镇也有镇会，行使一镇的审判权，每月开庭，镇里贤达和所属各乡长、若干乡代表出席，一般也是 12 人。城会和镇会代表们处理的案件起初限于强盗、杀人、盗窃、窝藏等罪，不久又扩展到伪造货币和文书、放火等罪。随着推问制度适用范围的扩展，到 12 世纪末，国王决定允许被告人缴纳手续费，证明犯罪事实是否存在，但只作为例外。

随着封建制度的发展，土地领主认为审判应该和土地一样，处于他们私权的控制之下。他们以自卫为名，禁止农民间的同辈审判和仲裁，进一步禁止他们集会和商议与自身利益有关的事情，违者会受到重罚。这样的安排使土地领主成为农民唯一的审判官，农民则沦为纯粹的附庸。通过控制审判权，土地领主能够从诉讼的罚金中获取收益。高压之下，农民诉诸同辈审判，以对抗土地领主专断司法权力，在夹缝中争取了有限的司法民主权利。

3. 陪审制度的初步形成

在英国陪审制度的形成过程中，亨利二世发挥了重要作用。在 1166 年颁布的《克拉灵顿敕令》中，他废止了誓证和人证；在 1176 年颁布的《北安普顿敕令》中规定，凡被起诉谋杀等重罪的被告人，即使已经在苦证审判中被证明无罪，仍可被放逐出国。敕令还允许民事案件裁判也采用推问手续，原有审判方式的适用范围被大大限缩，为推问手续的适用创造了必要条件。

在王室法院，推问手续最初只适用于人身自由和所有权之诉。一方当事人拒绝采用决斗方法时，城市长官依据国王的令状，在诉讼地当事人住所的近邻中，召唤武士 4 人。在他们宣誓以后，推选了解争议事实的其他武士 12 人。这 12 人也要宣誓，宣誓后根据他们所了解的事实对案件作出裁决。如果形成一致意见，就可作终局裁决。如果没有形成一致意见，或者其中有不了解案件事实的，就选择其他人代替，作为补充证人。后来，在占有之诉中，城市长官根据国王的令状选择近邻的 12 名自由民，与人身自由和所有权之诉的区别仅在于身份的不同。不在国王许可范围内的诉讼，仍然要按照原来的方式审判。到 12 世纪末，推问手续的适用开始扩展到侵害诉讼。此后，在诉讼中选择近邻 12 人，经过宣誓后陈述所了解的事实，开始成为惯例。被选的 12 人，称为被推问人。这些被推问人作为一组，成为当代陪审团的前身。

由于只有王室法院可以采用推问手续，地方法院的案件渐渐都转移到王室法院，亨利二世借此达到了中央集权的目的。而这一时期的刑事陪审，主要决定是否提起公诉，成为起诉陪审（又称大陪审）的开端。

1189 年至 1199 年，为了弥补“十字军”东征所造成的巨大亏空，国王巧立名目，收取苛捐杂税，滥用罚金刑和死刑。诸侯力有不逮，民众苦不堪言。诸侯、僧侣遂与自由民联盟，终于在 1215 年迫使国王签订《大宪章》。其中第 39 条和第 40 条与司法有关。第 39 条规定：任何自由人，如未经其同级贵族之依法裁判，皆不得被逮捕、监禁、没收财产、剥夺法律保护权、流放或加以任何其他损害。第 40 条规定：余等不得向任何人出售，拒绝，或延搁其应享之权利与公正裁判。根据这两条规定，自由民应受同辈审判的保障。从这个意义来讲，《大宪章》与其说是法典，不如说是贵族与国王缔结的契约，侧重保护贵族和僧侣权益。第 39 条虽然规定了同辈审判，但实际上只有身为贵族院议员的人，才能由与其同等的贵族院议员审判。

而农民仍由其所属的贵族审判，农民之间依然没有实现同辈审判 。虽然如此，同辈审判以法律形式得到确认，依然被视为陪审制度确立过程中的标志性事件。

亨利三世时期，1219 年，罗马教皇英诺森三世发布敕令，禁止僧侣采用苦证法。本来苦证法的效力建立在宗教权威之上，英诺森三世的敕令如釜底抽薪，苦证法迅速衰落。原有的审判形式由此只剩下决斗法一种。国王作为刑事诉讼原告时，不能让国王与被告人决斗，只能通过询问被告人的乡土人士，确定其有罪或者无罪。在刑事审判中，召集被告人的乡邻 12 人，宣誓后评判被告人是否有罪。在刑事审判中，评判有两次，第一次陪审是起诉陪审，第二次是公判陪审（小陪审）。

在陪审制发展的过程中，陪审员的诉讼地位也发生了很大变化。最初具有证人的性质，后逐渐演变为 12 人先进行集体评议，然后推举 1 名代表发言。在案件审理中，除了一般人能够知道的事实之外，还存在诸如书证、人证等特别事实，陪审员对于这类事实很难完全了解。有鉴于此，陪审员逐渐开始在庭审中参与质证，以他人的证言作为基础确定事实，不再单纯地作为证人。这是早期的陪审向现代陪审制度进化的第一步。证人的陪审演化为审判的陪审，陪审员略有审判官性质，但对于一般事实尚未完全失去证人性质。1650 年，英国颁布法令，明确不能一人身兼证人和审判官，或者同时负有两种责任。此后，陪审员成为纯粹的审判人员，不再负有证明责任，现代意义的陪审制度由此形成。

（四）陪审制度在英国的发展

随着陪审制度在英国的逐步推广，自由民在审判中能够更有力地自证清白、维护自身权益。然而，封建专制统治者并不愿让裁判的控制权旁落，因此开始利用伪证罪对不服从其意志的陪审员施压。伪证罪起初仅限于民事案件，随后刑事案件也开始适用。在英国都铎王朝和斯图亚特王朝时期，法院被国王牢牢控制，陪审员不得不屈服于当权者，人民的基本权利受到严重侵犯。在这个时期，不服从统治者意志的陪审员会经常受到惩罚，其中较为著名的是斯洛克莫顿谋杀女王案、威廉·佩恩案和七僧正事件。

1554 年，在斯洛克莫顿谋杀女王一案中，斯洛克莫顿被控谋杀女王，公审时陪审员评议结果多数认为其无罪。法院要求陪审员变更评审结果，但陪审员表示拒绝，陪审员由此被全体逮捕。拘押期间，陪审员备受虐待。最终，除了原来主张有罪的 4 人得到释放外，剩余 8 人被处罚金 200 英镑，5 人被处罚金 2000 英镑。

威廉·佩恩、威廉·米德案发生于 1670 年。两名被告人因宗教原因遭到迫害，被控告非法集会。陪审团在案件中没有按照法官的要求判处被告人有罪，坚持作出无罪判决。这导致了陪审团成员全部被捕，并被囚禁数月。

七僧正事件发生于 1688 年 4 月 27 日。当天，国王发表教区内的免罪宣言，大僧正和其余 6 名僧正认为，这是国王的越权行为，涉嫌违法。于是向国王提交请愿书，请求国王撤回宣言，并将请愿书印刷公布。国王认为此举意在对抗王权，煽动人民造反。杰夫里斯法官在伦敦将七僧正拘禁，移送审判。公判时，陪审员作出无罪裁决。杰夫里斯法官大怒，认为陪审员与七僧正同谋，滥用权力，非难国王，犯有大逆不道罪，准备一一惩处。此时恰逢国内政变，国王逃跑，陪审员才幸免于难。

为了控制司法裁判权，统治者又创设了撤销令制度，对不符合其意志的陪审团裁判予以撤销。如果法院认为陪审团的裁决不公正，就可以下一道撤销令，召集通常由 24 人组成的撤销陪审团，重新审理原陪审团的裁决。如果撤销陪审团确认陪审团裁决不公，不但原裁决要被推翻，而且原陪审团的 12 人都要受到严厉的刑罚。[①]

值得庆幸的是，陪审制度不仅没有在磨难中被废除，反而展现出更加强大的生命力。英国资产阶级革命期间，宪法的两大重要渊源——1628 年《权利请愿书》和 1679 年《人身保护律》都把陪审制审判规定为基本人权。1688 年光荣革命之后，荷兰总督入英国主政。1689 年《权利法案》得到国王的全部承认。《权利法案》是英国君主立宪制的基础性法律，是英国最重要的宪法渊源。其中关于陪审制度的规定有非常重要的两点：一是鉴于以往大逆罪的陪审员往往选任不当，裁决失之偏颇，陪审员必须做适当登记，并通过选举产生。二是大逆罪的陪审员有自由认定事实的空间，不应受到任何干涉和恐吓，以保证其正常行使职权。自此，陪审员不再因为担心受到惩罚而畏首畏尾，可以自由行使权力；即使裁决有瑕疵，只要不是因为受贿等严重违法行为，也不会受到处罚，从而使人民的权利得到了保障。英国的陪审制度也自此蓬勃发展起来。

从历史上看，英国的陪审制度历经了数次转型：从提供信息、配合调查到提出指控，再到对案件事实进行裁断；从可依自己所知进行裁断，到仅能依呈堂证供进行裁断。将历史坐标对准当下，相较于陪审制度形成与发展的历史，英国的陪审制度虽然在今天走向了衰落，但值得肯定的是每一次转型都是在

① 值得一提的是，16 世纪以后，撤销令仅适用过一次。在实际操作中，撤销令效力甚微，撤销陪审团并不愿处罚原陪审团：一方面，两者处于同样地位，煮豆燃萁，不忍同室操戈；另一方面，原陪审团即使有错误，也不至于受刑。结果，撤销令逐渐沦为一纸具文。

人类理性的力量、对程序正义的追求和政治斗争的需求的共同作用下完成的。[①]

二、陪审团模式的发展历程

近代以来，随着英国的国力增强和海外殖民扩张，陪审团制度被广泛地输出到各英属殖民地。在不同国家和地区，陪审制度与本土制度的融合呈现了不同效果。正如霍兹沃斯所说，要移植一种制度，如陪审制度，绝非难事。但是要搬运其所依靠而滋长繁荣的环境，却是不可能的。制度是一种很娇嫩的植物，它是需要适宜的土壤和气候的。

（一）陪审制度在美国的传播

在北美13个殖民地中，弗吉尼亚殖民地于1606年最早适用陪审制度，马萨诸塞、纽约、新泽西、宾夕法尼亚等殖民地在17世纪也先后适用。这一时期，陪审制度在英国已日臻成熟，具备了移植到美国的各种条件。起初，英国殖民者希望陪审制度成为其维持殖民统治的工具。然而，由于陪审制度本身的制度效能在于通过民主精神维护社会公正，陪审制度在美国并未按照殖民者的意志发展，而逐步成为殖民地人民反抗殖民统治的武器。

从曾格案开始，陪审制度的威力逐渐显现。约翰·彼得·曾格是德国移民，1733年创办了《纽约周报》，该报刊登文章抨击总督威廉·科斯比。报纸上的唯一署名是曾格本人。

① 参见李红海：《英国陪审制转型的历史考察》，载《法学评论》2015年第4期。

科斯比忍无可忍，下令没收报纸，并在市政厅当众焚烧，又令法官以诽谤、煽动闹事等罪名对曾格提起诉讼，并将他逮捕。1735年8月，法庭开庭审理此案，曾格的朋友们请到了著名律师安德鲁·汉密尔顿为其辩护。汉密尔顿勉励陪审团用自己的眼睛看，用自己的耳朵听，用自己的良知理解，对自己同胞们的生命、自由和财产作出裁决。最终，陪审团对曾格作出了无罪判决。[①] 此后，受到曾格案的鼓励，1765年波士顿陪审团拒绝起诉因抗议《印花税法》而策划暴动的领导人，1774年又拒绝起诉波士顿倾茶事件的参与人[②]。同一时期，北美的启蒙思想家们也发表了很多文章，赞赏陪审制度对于维护人权的重要价值。托马斯·潘恩曾指出："所有人都热情地赞颂陪审制度——人权的伟大的而又几乎是唯一留存的堡垒；它建立在一个纯粹的共和基础之上。在这里，君主的权力是被关在门外了。任何王室的否决绝对到达不了这个法庭。在这里，居于至高地位的陪审团就是一个共和国，一个从人民当中选举出来的法官团体。"[③] 在审判实践和思想理论界的共同推动下，陪审制度助燃的独立之火已成燎原之势。面对这种情况，英国殖民政府开始对陪审制度横加干涉，甚至全力防范案件交给陪审团审判。然而，干涉施压并未取得其想要的效果，北美殖民地的独立运动愈演愈烈，最终爆发了独立战争。从这个意义上讲，陪审制度对于美国摆脱殖民统治起到了重要推动作用。

从美国建立之初起，陪审制度就成为一种政治共识。在美国宪法性文件中，陪审制度具有很高的地位。可以适用陪审制

---

① 参见郭光东：《陪审团的历史与价值》，华东政法学院2004年博士学位论文，第25~26页。

② 转引自施鹏鹏：《陪审制研究》，中国人民大学出版社2008年版，第32页。

③ 参见［美］托马斯·潘恩：《潘恩选集》，马清槐等译，商务印书馆1981年版，第87页。

度的案件不仅包括刑事诉讼，也包括民事诉讼。美国宪法第六修正案规定：在一切刑事诉讼中，被告有权由犯罪行为发生地的州和地区的公正陪审团予以迅速和公开的审判。美国宪法第七修正案规定：在普通法的诉讼中，争执价值超过 20 美元者，由陪审团审判的权利应予保留。凡经陪审团裁决的事实，除非依照普通法规则，合众国的任何法院不得重新审查。

在此后的 200 多年中，美国的陪审制度迅速发展，陪审团审理的一些案件，如辛普森案，在全世界都产生了广泛的影响。从某种意义上说，美国的陪审团充当着壁垒的角色，保障刑事被告人不受政府的压迫，制约法官权力的滥用；而在民事案件中，陪审团也在一定程度上制约了有权势的人的肆意妄为。与此同时，陪审团肩负着认定事实的义务，而正义只有在事实被正确认定后才能实现，因此陪审团审判的广泛应用一定程度上反映了美国关于执行法律、实现正义方式的深刻思考。①

（二）陪审制度在加拿大、澳大利亚的传播

加拿大曾经长期处于法国的殖民统治下。1763 年，英法七年战争后，英国取胜，获得了加拿大的统治权，开始实行包括陪审制度在内的英国法，但仍允许法国法适用。1892 年，加拿大议会通过了《刑法典》，规定对于严重犯罪适用陪审团审判。从适用效果上看，加拿大陪审制度在效能上尚不及美国，究其原因，一方面是由于法国法的影响力；另一方面英国政府吸取了美国的教训，对加拿大的陪审制度加以限制，加强了行政权力对陪审团的控制。总体而言，陪审团模式在加拿大并未发挥

① 参见［美］伦道夫·乔娜凯特：《美国陪审团制度》，屈文生、宋瑞峰、陆佳译，法律出版社 2013 年版，第 28~53 页。

出应有的作用。[①]

澳大利亚的陪审制度运行情况要好于加拿大。1787 年，英国人在澳大利亚新南威尔士建立了第一个殖民地；1788 年起，英国开始将澳大利亚作为一些刑事罪犯的流放地，成为“罪犯集中营”，并采用军事法管理。当地居民希望早日摆脱罪犯流放地的地位，实现司法文明，迫切想采用陪审团模式审理案件。经过长期努力，澳大利亚最终引入了陪审制度。1901 年，澳大利亚成立联邦，在联邦的第一部宪法中规定：任何违反联邦法的指控，均适用陪审团审判。澳大利亚人民将陪审制度视为司法文明的象征，在历经多次优化后，至今仍然发挥着重要作用。[②]

（三）陪审制度在印度、非洲的传播

印度是文明古国，在英国殖民前已经存在相对发达的司法制度和深厚的风俗习惯。英国殖民印度后，由于不懂得当地语言和风俗习惯，陪审制度未能得到全面适用。1661 年《东印度公司特权状》规定，陪审团审判只适用于欧洲殖民者，孟加拉地区的本土居民适用即决裁判。[③]在很长时间里，陪审制度只在加尔各答管辖区适用。到 1832 年，《第四号孟加拉规章》将陪审制适用范围扩展，赋予法官超越陪审团的权力，可以不参考陪审团的意见作裁判。[④]法官过大的权力引起了当地人民的不满，持续的抗议迫使英国殖民政府进行多次改革。然而，英国一直把印度作为最重要的殖民地，无论怎么改革陪审制度也是为维

---

① 参见郭光东：《陪审团的历史与价值》，华东政法学院 2004 年博士学位论文，第 30~31 页。

② 参见施鹏鹏：《陪审制研究》，中国人民大学出版社 2008 年版，第 35~39 页。

③ 转引自施鹏鹏：《陪审制研究》，中国人民大学出版社 2008 年版，第 34 页。

④ 转引自施鹏鹏：《陪审制研究》，中国人民大学出版社 2008 年版，第 34 页。

护殖民利益服务。到20世纪上半叶印度独立前，陪审团仍然主要由英国人组成，对印度人非常不利。印度人民很自然地将陪审制度和种族主义、殖民主义联系起来，在独立后不久就废除了这项制度。①

英国在非洲先后占据了大面积的殖民地，非洲各地陪审制度的发展很不均衡：第一批殖民地塞拉利昂、加纳和冈比亚等适用陪审制度；第二批殖民地开普、尼日利亚、桑给巴尔、肯尼亚和南罗德西亚等地适用陪审制度，不过将不同人区别对待；第三批殖民地乌干达和坦噶尼喀等没有适用陪审制度。适用陪审制的非洲国家中，南非很有代表性。南非位于非洲最南端，扼守大洋要道，是重要的商贸中心，吸引了大量移民，其中荷兰人的后裔布尔人占很大比例。为了确保英国在南非的殖民利益，英国总督在1827年颁布法律，首次将陪审团用于南非司法，但是对陪审团的标准设定非常严格，黑人在很长时间内基本无法成为陪审团成员。这种带有殖民主义和种族主义色彩的陪审制度随着历史发展逐渐被削弱，20世纪40年代之后陪审制度的适用率一路下跌，最终被彻底废除。②

综上所述，原英国殖民地移植陪审制度出现了迥然不同的结果。产生这种差别的根本原因在于，陪审制度在殖民地人民追求独立的进程中发挥的作用不同。在美国历史上，陪审制度非但不是殖民者统治的工具，反而是反抗殖民统治、追求独立自由的武器。在澳大利亚，陪审制度成为一种尊严的象征，标志着罪犯流放地成为一般意义的殖民地，同时大大限制了军事法庭的恣意妄为。相反，在印度和非洲，陪审制度成为殖民者逍遥法外的“免死金牌”，让本土住民“徒有羡鱼情”，这种屈

① 参见施鹏鹏：《陪审制研究》，中国人民大学出版社2008年版，第33~35页。
② 参见施鹏鹏：《陪审制研究》，中国人民大学出版社2008年版，第39~42页。

辱的烙印自然要全力消除，在收回国家主权后大多废除了这项制度。

（四）陪审制度在俄罗斯的传播

俄罗斯的陪审制度历经了陪审团模式—参审模式—陪审团模式的历史转变。从 1993 年俄罗斯在 9 个联邦地区率先试行陪审团制度开始，陪审团模式一直被沿用至今。

1861 年，亚历山大二世开展了以废除农奴制度与改革司法组织为标志的自由主义改革运动，陪审团审判的基本制度被传入俄国。1864 年《司法改革法》颁布后，俄国法院分为地方法院、高级法院和元老院三级，陪审团参与审理的案件仅限于地方法院审理的严重刑事案件和元老院审理的上诉案件。俄国对陪审团模式的引入对于推进司法民主和司法文明具有重要意义。然而，当时俄国农民达到总人口的 2/3，只有 15% 的人口能够满足陪审员的资格要求，而且多数农民不具备读写能力，无法充分履职，因此这一时期的陪审制度饱受诟病。①

1917 年苏维埃革命之后，陪审制度被全面废除。1936 年颁布的苏联宪法确立了人民陪审团制度。所有的一审刑事案件和民事案件都有 1 名职业法官和 2 名陪审员组成合议庭审理。在参审机制上，陪审员与职业法官具有同等的表决权，既负责事实认定问题，也负责法律适用问题。这一阶段的陪审制度由于缺乏科学的选任机制、参审表决机制和履职保障机制，陪审员的履职积极性和实效性受到严重制约，公众呼吁重建陪审团模

① 参见胡云红：《俄罗斯陪审团制度的重建及其对完善我国人民陪审员制度的启示》，载《法律适用》2015 年第 2 期。

式的浪潮不断高涨。[①]

1993 年，修改后的《俄罗斯联邦刑事诉讼法典》正式将陪审制度引入刑事诉讼程序。同年，陪审团制度被宪法所确认，陪审团模式得以重建。2002 年新修订的《俄罗斯联邦刑事诉讼法典》正式生效，明确规定了适用陪审团审理案件的范围、一审法院陪审团审判的特别规定以及二审和三审法院可以撤销一审法院无罪判决和陪审团裁决的特殊情形等。2004 年，《俄罗斯联邦普通法院陪审员法》进一步明确了陪审员的选任资格和选任机制等问题。与英美陪审团不同的是，俄罗斯的陪审团模式中存在独特问题列表制度：法官根据法庭调查的结果和双方辩论情况，以书面形式提出应由陪审员解决的问题并将问题交给控辩双方；控辩双方有权就问题的内容和措辞发表意见并建议提出新的问题；法官在充分考虑控辩双方意见后，最后拟定应由陪审员解决的问题；问题清单应向陪审员宣读并交给陪审团团长；陪审员合议时，应对问题列表的问题进行判断并形成意见。[②] 问题列表制度对于提升陪审员履职的实效性具有重要作用，为世界各国的陪审制度设计提供了重要参考。

三、参审模式的发展历程

欧洲大陆国家本身有着悠久的历史和成熟的法律体系，陪审制度一般是作为司法改革举措被主动引入的。从 19 世纪开始，欧洲大陆国家大多引入了陪审制度。在百余年的发展变革

① 参见胡云红：《俄罗斯陪审团制度的重建及其对完善我国人民陪审员制度的启示》，载《法律适用》2015 年第 2 期。

② 参见施鹏鹏：《陪审制研究》，中国人民大学出版社 2008 年版，第 148~149 页。

中，有的国家保留了英美法国家的陪审团模式，有的国家则结合本国实际创制了参审模式这一陪审制度的新模式。目前，欧洲大陆仍然保留陪审团模式的国家有西班牙、瑞士、比利时、丹麦、挪威等国；实行参审模式的国家有瑞典、波兰、捷克、斯洛伐克、克罗地亚、乌克兰、保加利亚等国。

总体而言，陪审制度在欧洲传播的过程，虽然历经曲折，但是制度本身的核心价值并未改变。其中，法国、德国结合原有的法律制度和文化对陪审团模式进行了改造，发展出更加符合本国实际的参审制度，最具代表性。

（一）陪审制度传入前的欧洲大陆司法制度

如前所述，古代欧洲大陆曾经有人民审判所和同辈审判制度。但人民参与审判的制度并未发展延续，复兴的王权和日渐发达的寺院审判取而代之成为主流。

王权的复兴具有特定的历史背景。在封建制度衰微，诸侯分崩离析的情况下，国王的司法官开始总管国内一切诉讼。不服诸侯法院判决的，都要上诉到王室法院。王室法院由专门人员担任法官，负责所有案件审判，完全排除了当事人自行参与的同辈审判。由专门人员担任法官的原因在于，当时的证据方法已经由神裁和决斗转变为依事实证据断案，需要由具有专业能力的法官完成，普通民众并不具备这样的条件。

寺院审判兴起的历史背景是封建制度的衰微。为了控制统治权，诸侯纷纷皈依宗教，利用寺院审判扩权。寺院以代表神意自居，认为人的一切行为都应当受到神意的支配。随着寺院审判权的扩张，最终一切案件都归属于寺院管辖。寺院从不判处死刑，审判人员的知识水平优于诸侯法院和武士法院，这是寺院审判的进步之处。人民逐渐信仰寺院审判，主动放弃了原有的审判方法，寺院法开始广泛影响公众生活的各个方面。[①]在这样的历史背景下，原有的审判制度被完全废止。

在主动移植陪审制度之前，欧洲大陆的刑事诉讼制度经过了从弹劾主义到询问主义的剧变。刑事诉讼方式的演进与刑法的发展变化紧密相连。在早期国家权力尚未完全建立，人民以自力救济为主的时期，刑法坚持复仇主义理念，对侵害者进行同态复仇。随着国家权力的扩张，国家成为惩处犯罪的主体。此时，单纯的私人复仇、索取赔偿关系变为国家对犯人科以身体刑，法官对刑种和刑期有专断权力，法律适用因身份地位不同而不平等，执行死刑的方法亦较为残酷。所谓弹劾主义，是指当事人一方弹劾，另一方答辩，审判者进行判断。弹劾主义有四大特点：一是任何人都可以进行弹劾；二是审判者系当事人选任或者承认；三是审判者只听取当事人的陈述，依职权审判；四是审判形式为公开口头辩论。弹劾主义时代的证据规则是神裁，由神的意志来确定证据认定的标准。询问主义与弹劾主义的做法几乎完全相反。询问主义始于罗马帝政时期，在13世纪末盛行。询问主义的基本方法是，官方以公共利益的名义，依职权审判犯罪行为，并执行对犯罪人的判决。承担审判职责的人由官员担任，不必经过当事人的选任或者承认。当事人可以提出证据，审判者也可以自行调查收集各种证据材料。审判采用书面方式，秘密审理。到16世纪，全欧洲除英国外，刑事诉讼一般都采用询问主义的方法，因此经常出现威吓和擅断。询问主义时代的证据规则是口供为主。如果当事人有意遮掩，可以采用拷问的方式，施加刑讯。“三木之下，何求不得”，这

① 需要明确的是，寺院审判所并不是宗教法庭。宗教法庭是13世纪开始设立的，专门审判所谓“异教徒”的法庭，延续了3个多世纪，动辄采用火刑，十分残酷。

种方式很容易造成屈打成招，影响证据的真实性。经过严刑拷打如果还不能获得口供，仍然可以科以某种罪名。在询问主义盛行的时代，只有英国能够特立独行，依然采取弹劾主义的审判方式，这和其地理位置与欧洲大陆隔绝有关，也和英国人民崇古重先例的性格有关。

欧洲大陆正式引入陪审制度始于18世纪的法国大革命。倡导“自由、平等、博爱”的启蒙思想家们，对威吓主义时期询问主义诉讼方式的“专断、残酷和践踏人权”进行了深刻反思，并将目光投向了海峡对岸的英国。孟德斯鸠在《论法的精神》一书中对欧洲大陆当时的司法制度进行了细致的分析和有针对性的批判。[①] 贝卡利亚更是直接表达了对陪审制度的向往：“每个人均应由同他地位平等的人来裁判，这是最有益的法律。因为，在那些关系公民自由和幸福的地方，不应该让煽动不平等的那些感情作怪。”[②] 法国作为启蒙运动的策源地，最先进行了陪审制度的尝试。

（二）法国引进陪审制度的历程

法国引进陪审制度的历程是整个欧洲大陆引入陪审制的一个缩影。一方面，法国是英国陪审制度进入欧陆的中转站，其他欧陆国家引入陪审制度并非参照英国的“原版”，而是学习了法国的“翻版”。另一方面，法国陪审制度的发展历程非常曲折，并最终创制了参审模式，体现了不同文化对法律制度的巨大塑造力。[③]

---

① 参见［法］孟德斯鸠：《论法的精神》，张雁深译，商务印书馆2012年版，第150~166页。

② ［意］切萨雷·贝卡利亚：《论犯罪与刑罚》，黄风译，商务印书馆2018年版，第36页。

③ 参见施鹏鹏：《陪审制研究》，中国人民大学出版社2008年版，第46页。

法国的陪审制度随着其近代政权的频繁更迭展现出不同的样貌，最终在历史的跌宕起伏中形成了符合本国实际的参审制度。

在1789年《人权宣言》精神的指引下，法国于1791年立法引入了英国的陪审制度。除了部分技术细节之外，基本上与英国的陪审团模式一致。到1808年，又通过数次立法对陪审制度作出了补充规定，其中以梅林起草的《犯罪与刑罚法典》中的规定最为详尽。然而，1791~1808年间，法国内政混乱，对外战争不止。国内政治斗争空前激烈，角逐延伸到司法领域，革命特别法院林立，各级政府经常进行法制改革，导致陪审团模式没有得到有效的实施。

拿破仑称帝以后，于1808年颁行了《重罪法典》。拿破仑本人坚决反对陪审团模式，对其进行了大幅修正：在选任方面，提高了陪审员资格的门槛，强化了行政机关对陪审员遴选的控制；在运行机制上，撤销了起诉陪审团，对陪审团的最终裁决权也作出很大的限制。这种变化，主要是由于拿破仑的权力私欲膨胀，不希望陪审团给平民赋予过多权力，而对其个人独断产生制约。同时，这样的制度安排也是对国家内部不稳定、部分省份治安环境严重恶化的一种自然反映。

随着1815年拿破仑的失败，自由主义思想再次焕发了活力，法国的陪审制度也随之迎来了新的发展机遇。在这样的思潮下，法国从1827年开始对陪审制度进行了包括选任机制、表决机制在内的一系列改革。通过改革，陪审制度能够摆脱掌权者的非法控制和干预，公民的基本权利得到了更好的保障。然而，这次改革大大提高了担任陪审员的门槛，陪审员呈现贵族化趋势，无法代表不同阶层民众的不同意志，存在一定的历史局限性。

1848年，法国二月革命推翻了贵族政权，法兰西第二共和国成立。在此阶段，民众迫切渴望实现自由平等和公平正义，意图构建真正意义上的平民陪审制度。遗憾的是，第二共和国很快夭折，民众对陪审制度的美好愿景成为镜花水月。1851年，路易·拿破仑·波拿巴发动政变，成为法兰西第二帝国的皇帝。其间，法国的民主出现了大倒退，陪审制度沦为当局打击政治反对派的工具，史称“附庸陪审制”。到法兰西第二帝国末期，适用陪审制度的案件数量已经比第二共和国初期下降了38%。

1870年，普法战争的失败导致法兰西第二帝国的崩溃。法兰西第三共和国吸取了第二共和国和第二帝国对陪审制度改革两种极端方法的历史教训，在对陪审制度的改革中，保持着非常谨慎的态度：除在陪审员的选任资格和选任程序上作出了一定的改革外，在陪审团表决制度、职业法官的作用以及职业法官与陪审团之间的权力划分等方面未做出任何改变。虽然与过去相比，此次陪审制度改革较为保守，但是相关规定一直持续适用到1941年第三共和国末期，陪审团模式得到了广泛适用。

1941年，法国通过新法，参审制度正式取代陪审团模式。从此，法官和陪审团之间的对立不复存在，形成一个相互合作、相互制约的共同体，一起对事实和法律问题进行裁决，并一直沿用至今。陪审制和参审制其制度核心都是平民参与审判。之所以弃用了陪审制度，主要原因还是1872年的陪审制度过于保守，没有保留陪审团模式的精华。在国内适用陪审制的同时期，法国在海外殖民地试用参审制取得了良好的效果，也给本国立法者带来了启发，为参审模式提供了丰富的实践素材。与此同时，在法国文化中对公共秩序的崇尚以及民众对职业法官和陪审员能力的不信任的共同作用下，立法者需要在裁判中构建一种职业法官和陪审员之间既相互合作又相互制约的陪审制度，参审模式由此应运而生。[①] 法国陪审制度的发展，既是一部法制发展史，又是一部政治发展史，深刻体现了司法的政治属性。

（三）德国引进陪审制度的历程

在陪审制度引入前，德意志地区处在神圣罗马帝国统治下，继受了罗马法传统，改变了先前同辈审判的平民参与审判传统。罗马法法理精深、逻辑缜密，普通民众很难准确掌握，职业法官群体逐渐形成。1495年，帝国法庭成立，法庭要求半数以上的法官必须是精研罗马法的法学博士。从此，德意志地区的法律成为“庙堂之上”的高深学问，非专业的平民越来越难以进入这一领域。

从历史上看，德国陪审制度的引入与法国有着密切联系。随着拿破仑的军事扩张，法国占领了大面积的德意志领土，神圣罗马帝国崩溃。法国带来了从英国引进的陪审制度。不过，在德意志较早引入陪审制的莱茵地区，实践效果并不理想。不久拿破仑失败，普鲁士收复失地，强烈排斥法国革命带来的政治制度，包括司法制度中的陪审制度。1848年，法兰西第二共和国成立，德意志主张继续采用陪审制度的自由派借机鼓吹。当年，法兰克福会议明确提出法律面前人人平等的口号和改革德意志司法、引入陪审制度的要求。一石激起千层浪，在一年多的时间里，陪审制度就被德意志各邦广泛接受。到了1849年，包括普鲁士和巴伐利亚在内的几乎整个德意志地区都采用了陪审制度，主要适用于刑事诉讼中对政治犯和重罪犯的审理；与此同时，参照同时期法国，适用公判陪审团。

德国参审模式的创设始于当时保守派对陪审团模式的质疑。

---

① 参见施鹏鹏：《陪审制研究》，中国人民大学出版社2008年版，第46~68页。

随着保守派的势力越来越强，陪审团模式逐渐被参审模式取代，职业法官和非职业法官开始共同审理案件并共同进行事实认定和法律适用。1852年，汉诺威首先开始适用参审法庭。随着时间的推移，萨克森、不来梅等地也开始适用。其适用范围主要集中在一些轻微刑事案件，由1名职业法官和2名非职业法官共同组成审判庭审理。

由于各地采用参审模式的具体标准不同，具体方法上出现了不同之处。1871年德意志帝国统一后，德皇威廉一世立即着手统一法制。关于陪审制度，有主张废除的，有主张全面改为参审制的，有主张维持的。当时的起草者冯·施瓦泽（Von Schwarze）力主参审制改革，在第一个草案中规定废除陪审制，改设上、中、下三级参审法院。但是南德各邦都希望维持陪审制，两种观点势均力敌。最后折中的结果是，在1877年的《德国法院组织法》和《德国刑事诉讼法典》中规定了陪审制和参审制并行，重罪交陪审法院审理，轻罪和违警罪交参审法院审理，介于两者之间的交给地方法院刑庭审判。

此后，德国制度经过多次改革，直至第二次世界大战后参审模式才最终得以确定。1877年以后，陪审团模式虽然没有被废止，但是呈现越来越弱化的趋势。第一次世界大战后，德国战败，经济压力骤然加大。鉴于陪审团模式耗费较大，为了减少财政支出，德国于1924年最终废除了陪审制。第二次世界大战期间，参审制一度也被废除，战后随着欧洲各国司法民主化的复归，德国恢复了被希特勒废止的国民参与司法制度，开始重新推行参审制，但收效甚微。随着1974年《刑事程序修改第一法案》的颁布，原来由3名职业法官、6名参审员组成的陪审法院被改为由3名职业法官、2名参审员组成的常设性地方法院。1990年德国统一后，参审制度在德国得到了统一实行，并在不断改良中运行至今。[①]

整体而言，参审模式在德国生根发芽具有历史的必然性。早在1813年，著名的刑法学家费尔巴哈就指出，德国并不适合陪审团模式，因为德国的民族性格中缺乏英国所具有的公民精神和价值观念。德国的罗马法传统、长期沿用的纠问式诉讼模式等都是参审制度形成的重要因素。德国创设参审制度的初衷，是追求司法民主。在陪审制的实践中，德国人民不断进行调整和改良，终于塑造了具有本国特色的人民参与审判制度，形成了具有世界影响力的司法制度和法治文化。

（四）日本裁判员制度的确立

1923年，日本在借鉴西方列国经验的基础上制定了《日本陪审团法》，并于1928年开始实施。然而，陪审团制度的核心价值与日本当时的社会制度和思想观念无法充分融合，继而在实施15年后，《日本陪审团法》就被废止。其后，日本最高裁判所、法务省以及律师联合会、法律学者曾提出过国民参与审判的建议，但因陪审制度的移植势必引起刑事审判制度的大幅度改革，此提议被搁置了很长一段时间。[②]

经过长期的研究论证，日本的国民参审审判制度以1999年开始的司法改革为契机被提升到空前重要的位置。2004年，日本以单行法的形式颁布了《日本裁判员参加刑事审判法》，国民参与审判的裁判员制度得以最终确立。按照规定，年满20周岁的日本公民具备裁判员资格。从本质上看，虽然日本裁判员制

① 参见李立丰：《司法民主与刑罚适用——以日本裁判员制度为研究视角》，中国政法大学出版社2015年版，第61~64页。

② 参见胡云红：《日本裁判员法的立法过程及其实施效果评析》，载《河北法学》2012年第9期。

度在选任机制上更接近英美法国家，但评议表决规则采用的主要还是大陆法国家的参审模式。日本的裁判员制度适用于死刑、无期徒刑或应判监禁刑的犯罪以及因故意犯罪行为导致被害人死亡等重大案件。合议庭原则上由 3 名法官和 6 名裁判员组成；但公开审理前，诉讼各方对案件事实及内容没有争议，也可由 1 名法官和 4 名裁判员组成。在评议规则方面，裁判员与法官具有同等的权利，法官必须保证每位裁判员的参审权利，并共同对案件的事实认定和法律适用发表意见。①

日本建立裁判员制度的重要意义在于将公众意见引入司法裁判之中，不断提高司法的公信力和民众对法院的满意度。②通过这一制度，日本打破了法官与国民之间的隔阂，加深了国民对司法的理解和支持。与此同时，裁判员制度促进了日本刑事审判质效的提升。先前，日本诉讼效率较低，在刑事审判中虽然采用了当事人主义，但是证人的作用并没有充分发挥。实行裁判员制度后，裁判员只有依靠庭审才能充分了解案情并进行裁判，因此诉讼中的直接主义、辩论原则、传闻证据等得到了严格的适用。考虑到长期审理会影响裁判员的正常工作，且审理期间过长会影响裁判员对案件的记忆和理解，法院更加注重落实集中审理原则，提升了诉讼效率。③

随着日本裁判员制度的推广实行，在适用过程中也暴露出一些问题，社会中不乏质疑之声。有观点认为，裁判员制度在提高审理效率的同时也增加了误判的可能；对于特定的犯罪案

① 参见胡云红：《陪审制度比较与实证研究》，人民法院出版社 2014 年版，第 149~155 页。

② 参见周泽民主编：《国外法官管理制度观察》，人民法院出版社 2012 年版，第 322 页。

③ 参见冯涛：《日本裁判员制度及对我国陪审制度的借鉴意义》，载《郑州大学学报（哲学社会科学版）》2008 年第 5 期。

件，裁判员存在量刑的重刑化倾向；因日本工作压力大、竞争激烈，裁判员参与审判的负担较大，权利无法得到充分保障。[①]虽然这一制度在运行过程中出现了一些问题，但其对于提升司法公信、拉近公众与法院的距离的努力是值得肯定的。

---

① 参见李立丰：《司法民主与刑罚适用——以日本裁判员制度为研究视角》，中国政法大学出版社2015年版，第252~263页。

第三章
陪审制度的中国方案

2012年11月8日至14日，中国共产党第十八次全国代表大会在北京召开。党的十八大是在我国进入全面建成小康社会决定性阶段召开的一次十分重要的大会。从这个时候开始，围绕实现社会主义现代化和中华民族伟大复兴这个总任务，一系列理论和实践创新相继展开，中国特色社会主义新时代的大幕徐徐拉开。以习近平同志为核心的党中央深化对民主政治发展规律的深刻认识和准确把握，提出全过程人民民主的重大理念。我国全过程人民民主实现了过程民主和成果民主、程序民主和实质民主、直接民主和间接民主、人民民主和国家意志相统一，是全链条、全方位、全覆盖的民主，是最广泛、最真实、最管用的社会主义民主。至此，具有鲜明中国特色的人民陪审员制度进入了新时代。

在中国特色社会主义新时代，我国社会主要矛盾已经转化为人民日益增长的美好生活需要和不平衡不充分的发展之间的矛盾。社会主要矛盾的变化对司法工作提出了新的更高要求。党的十八届三中、四中全会对人民陪审员制度的改革进行了明确部署。新时代人民陪审员制度着眼于制度效能和配套机制的全面优化，立足于中国特色社会主义司法制度和经济社会发展实际情况，在充分吸收我国实践成果、借鉴域外有益经验的基础上，提出了具有中国特色、符合司法规律的陪审制度。中国特色人民陪审员制度是人民群众当家作主、依法参与国家事务管理的重要形式，始终伴随着中国社会前进的脚步不断完善和发展。历史经验和现实实践充分证明，中国特色社会主义人民陪审员制度具有强大的理论生命力和实践伟力。

人民陪审员制度是中国特色社会主义民主政治在司法领域的重要体现，是中国特色社会主义司法制度的重要组成部分，在世界陪审制度史上独树一帜，体现了中国智慧，是陪审制度的中国方案。

一、陪审制度中国方案的理据

（一）历史文化根源

从世界各国的历史经验看，陪审制度只有充分融入本国的历史传统和司法文化，才能取得良好效果。简单照搬其他国家的陪审模式，就会出现水土不服。

1. 我国古代公平正义观念

我国的历史文化中具有深厚的“得民意、顺民心”思想。早在几千年前，孟子就提出了“民为贵，社稷次之，君为轻”“得天下有道，得其民，斯得天下矣。得其民有道，得其心，斯得民矣”“国人皆曰贤，然后察之……国人皆曰不可，然后察之……国人皆曰可杀，然后察之”等思想。[①]庄子曾提出，“中和民意以安四乡”。[②]管子曾提出，“政之所兴，在顺民心，政之

① 参见杨伯峻：《孟子译注》，中华书局1960年版，第41页、第171页、第328页。

② 参见王先谦：《庄子集解·庄子集解内篇补正》，中华书局1987年版，第272页。

所废，在逆民心”。[1]孔子提出，“有国有家者，不患寡而患不均，不患贫而患不安”。[2]《礼记》中阐述了“大道之行也，天下为公”的理念，《朱子语类》中存在“好恶当理，便是公正”的思想。

2. 我国近代陪审制度的演变

自鸦片战争以来，清政府无法抵御西方列强的坚船利炮，逐渐坠入半殖民地半封建社会的深渊。一代代仁人志士为了救亡图存，不仅学习西方的先进技术，也注意学习西方的先进制度，陪审制度作为西方司法制度的代表受到关注。晚清名臣魏源被誉为“开眼看世界第一人”，他在《海国图志》一书中介绍瑞士时首次提及了陪审制度。“瑞士，西土之桃花源也。惩硕鼠之贪残，而泥封告绝；主伯亚旅，自成卧治。王侯各拥强兵，熟视而无如何，亦竟置之度外，岂不异哉？花旗人甘明者，尝游其地，极言其山水之秀，风俗之淳古。惜乎！远在荒裔，无由渐以礼乐车书之雅化耳。”其中“泥封告绝”就是指陪审团的审判方式。此后不断有介绍陪审制度的书籍，为国人知晓和研究该制度提供了可能。

一般认为，国人最初接触陪审制度始于清末修律期间。1906年的《大清刑事民事诉讼法（草案）》在第四章第二节有关于“陪审员”的规定。起草该法案的法律大臣沈家本、伍廷芳等提交的“拟请先行试办折”，明确提出陪审制度与我国古代“三刺”之法和孟子的“国人杀之”观点相吻合。伍廷芳曾留学英国，了解陪审制度的实际运行情况，他的观点在改革派中得到了响应，但也招致了不少反对的声音。南洋名臣张之洞曾上奏折反对陪审制度。他认为，陪审制度来自英国，在英国的成功有其特殊的国民性基础。当时法、德两国的主动移植，已经

① 参见《管子·牧民》。

② 参见杨伯峻：《论语译注》，中华书局1980年版，第172页。

出现了很多问题，并最终发生变异。中国不适合陪审制度，因为中国有“无讼”的传统思想观念，愿意到堂陪审的人多为劣绅、讼棍。一旦陪审员人数众多，唇枪舌剑，容易造成效率低下。[①] 该草案最终未能施行。

在逼迫清政府缔结多个不平等条约后，西方列强通过对条约的“扩大解释”，获得领事裁判权，并在一些开埠城市攫取租界。为了处理大量涌入租界的外国人和中国人之间的诉讼，清政府设立了会审公廨。会审公廨，亦称会审公堂、“混合法院”，最早根据1869年《洋泾浜设官会审章程》，由清政府在上海公共租界内设立，由上海地方官员派员主持，审判租界内以中国人或无领事裁判权人为被告的民刑事案件；当案件涉及外国人时，须会同该国领事派出的陪审员共同审理，按照该国的方式进行审判。后来天津、汉口等其他城市的租界也先后设立会审公廨，但上海的情况更为典型。

作为清政府设立的法院，会审公廨本应依照清政府法律裁判案件，并接受清政府的管理。然而，随着清政府主权的丧失，会审公廨逐步被上海的外国领事控制，直到被完全接管：最初，只是在审理租界内中外公民纠纷时，允许一名外国陪审员出庭，以维护外国公民权利；后来，外国陪审员坚持在诉讼涉及“外国利益”时，即使没有外国人参加诉讼，也要出庭；最后，几乎所有案件中都有一名外国陪审员出庭，外国陪审员的权力逐渐等同乃至高于中国法官。到20世纪初，会审公廨被称为“世界上最强势的法院”[②]。

---

① 参见唐东楚：《我国陪审制度的历史及其改革》，载《中南大学学报（社会科学版）》2012年第2期。

② 转引自［美］络德睦：《法律东方主义：中国、美国与现代法》，魏磊杰译，中国政法大学出版社2016年版，第186页。

会审公廨的“强势”之处主要包括以下几点：一是管辖范围大，管辖公共租界内的81万名中国居民和不受治外法权条约保护但需遵守中国法的任何外国人；二是适用法律随意，在1911年辛亥革命之前不适用《大清律例》，之后只是根据需要选择性地适用法律，经常根据“正义观念”适用法律；三是裁判具有倾向性，偏袒受到治外法权保护的西方列强公民，裁判结果对中国公民不利；四是审级上自成一体，呈现实际上的“一审终审制”，从来没有针对其判决的上诉案件；五是刑罚执行随意，在相当数量的案件中适用死刑。[①] 此外，在1911年之后，这所法院的记录只以英文记载，无视法院的“官方”语言是中文这一基本事实。英国在华最高法院和美国驻华法院都将这些不光彩的事实归咎于“中国法”，更有人认为这些都是“一个无法避免的历史过程的自然结果”[②]。

由此可见，会审公廨的审判方式徒有陪审制度之表，而无陪审制度之里，实际上成为西方列强公民在中国逍遥法外的“护身符”，不能视为我国陪审制的开端。

（二）政治法治条件

法律制度的形成和发展与本国的社会政治条件紧密相关。我国是工人阶级领导的、以工农联盟为基础的人民民主专政的社会主义国家，国家的一切权力属于人民。人民当家作主是社会主义民主政治的本质特征。新时代人民陪审员制度坚持以人民为中心，以充分保证人民当家作主落实到司法审判活动为宗

① 转引自［美］络德睦：《法律东方主义：中国、美国与现代法》，魏磊杰译，中国政法大学出版社2016年版，第186~192页。

② 转引自［美］络德睦：《法律东方主义：中国、美国与现代法》，魏磊杰译，中国政法大学出版社2016年版，第193页。

旨，增强人民陪审员的广泛性和代表性，不断扩大司法领域的人民民主。

习近平总书记指出："我国社会主义民主是维护人民根本利益的最广泛、最真实、最管用的民主。发展社会主义民主政治就是要体现人民意志、保障人民权益、激发人民创造活力，用制度体系保证人民当家作主。"①从本质上讲，人民当家作主的基本内涵包括五个方面：第一，国家一切权力属于人民，体现在国家根本性质上，就是工人阶级领导的、以工农联盟为基础的人民民主专政的社会主义国家；体现在国家政权组织形式上，就是人民通过各级人民代表大会行使国家权力。第二，国家建立健全法律制度和体制机制，保证人民依照法律规定，通过各种途径和形式，管理国家事务，管理经济文化事业，管理社会事务。第三，一切国家机关和国家工作人员必须依靠人民的支持，保持同人民的密切联系，倾听人民的意见和建议，接受人民的监督，努力为人民服务。第四，国家制定实施的法律法规和方针政策，必须体现人民意志、尊重人民意愿、得到人民拥护，维护最广大人民根本利益。第五，国家各方面事业和各方面工作，必须坚持以人民为中心的发展思想，不断满足人民日益增长的美好生活需要，促进人的全面发展。②

1. 政治发展状况

中国共产党成立百余年来，党在领导人民为实现中华民族伟大复兴不懈奋斗的进程中，也对中国的民主法治之路进行了深入探索。人民司法是我们的优秀传统，中国特色的人民陪审

---

① 习近平：《决胜全面建成小康社会 夺取新时代中国特色社会主义伟大胜利——在中国共产党第十九次全国代表大会上的报告》，载新华网 2017 年 10 月 27 日，http://www.xinhuanet.com/politics/leaders/2017-10/27/c_1121867529.htm?ivk_sa=1024320u。

② 中共中央宣传部编：《习近平新时代中国特色社会主义思想三十讲》，学习出版社 2018 年版，第 160 页。

员制度发端于新民主主义革命时期，确立于社会主义革命时期，发展于改革开放和社会主义现代化建设时期。党的十八届三中全会、四中全会为人民陪审员制度指明了前进方向，提供了殊为难得的历史机遇。

我国的社会主义民主政治为新时代人民陪审员制度的创设提供了广阔空间。衡量人民陪审员制度能否实际发挥作用的根本标准是看其在司法审判中能否切实发挥人民群众的作用。只有在司法审判中切实发挥人民群众的作用，使司法审判更集中地通达民情，反映民意，凝聚民智，才能使人民陪审员制度对群众路线的贯彻落实、对司法民主的实现不流于形式。[①]

新时代人民陪审员制度高度契合我国的社会主义民主政治理念，坚持党的领导、人民当家作主、依法治国的有机统一，确保人民群众广泛、有序、深入地参与到司法审判之中，充分发展新时代中国特色社会主义司法民主。为了实现人民陪审员制度的民主价值，在制度创设中充分体现了以下四个方面的内容：

第一，注重提升人民陪审员来源的广泛性。有效保证人民享有更加广泛、更加充实的权利和自由，保证人民广泛参加国家治理和社会治理，是我国社会主义民主政治制度的鲜明品格和巨大优势。人民陪审员制度作为体现司法民主的重要载体，首先考虑的就是让更广泛的人民群众参与到司法审判工作中。因此，需要在综合考虑年龄、品行、职业、身体状况、文化程度、履职能力和遵纪守法情况等因素的情况下，合理地界定人民陪审员的选任资格条件。既不片面地以上述某一因素进行衡量，限制人民群众广泛参与司法审判的权利，也不因片面追求广泛性让不能有效履职的群体勉强参与审判工作，让人民陪审

① 苗炎：《司法民主：完善人民陪审员制度的价值依归》，载《法商研究》2015年第1期。

员制度流于形式。

第二，注重提升人民陪审员选任的代表性。相较于职业法官单独审理案件，人民陪审员参与审判，可以充分发挥其在不同工作领域和社会生活经验方面的独特优势，与职业法官的法律思维形成互补，增强司法裁判的说服力，提升司法的正当性和公信力。[①] 人民群众因职业背景、生活阅历、知识背景、实践经验等方面的不同，在不同类型的案件中，为司法审判提供其所需的各种非法律性知识和实践经验，弥补职业法官在相关知识和实践经验方面的不足。[②] 人民陪审员的选任不倾向于特定群体，确保社会不同职业、不同背景的代表性，通过科学构划选任程序和选任方式，让多元化的声音进入司法审判之中。

第三，注重提升人民陪审员参审的实效性。习近平总书记指出："民主不是装饰品，不是用来做摆设的，而是要用来解决人民需要解决的问题的。"[③] 发展人民陪审员制度的根本目的就是要通过拓宽司法民主渠道，让人民群众为案件的公正审理把脉，提升司法的公信力，努力让人民群众在每一个司法案件中感受到公平正义。在制度设计上，既不能让人民陪审员成为司法审判的"配角""摆设"，也不能因管理制度缺失放任其履职"马虎""敷衍"。为提升新时代人民陪审员履职的实效性，制定了更为科学的评议机制和管理机制，防止其因话语权缺失而不能、不敢发表意见，以及因责任意识不强怠于履行职责。

第四，注重提升人民陪审员履职的积极性。发展新时代人民陪审员制度需要最大限度地把各阶层各方面的智慧和力量凝

① 参见徐昕、冯磊：《迈向司法民主的人民陪审制》，载《学习与探索》2012 年第 10 期。

② 参见苗炎：《司法民主：完善人民陪审员制度的价值依归》，载《法商研究》2015 年第 1 期。

③ 习近平：《在中央人大工作会议上的讲话》，载《求是》2022 年第 5 期。

聚起来，最大限度地把全社会全民族的积极性、主动性、创造性发挥出来，通过人民陪审员积极能动履职，实现制度的基本价值。提升人民陪审员的履职积极性，不仅要在引导和管理上下功夫，使其深刻理解参与审判是实现司法民主权利、促进司法公正的重要方式，更要在履职保障方面体现人文关怀，消除人民陪审员履职的后顾之忧。在履职过程中，按照科学标准对人民陪审员给予一定补助，并支付其因参加审判活动而支出的差旅费。同时，为保障人民陪审员全身心投入审判工作，进一步明确了所在单位不支持其履职的法律救济途径。更为重要的是，在制度创设时，着重考虑了互联网时代人民陪审员的个人信息、人身安全保护问题以及案件评议意见的保密问题，防止居心不良之徒贿赂、威胁和恐吓他们，给人民陪审员带来不便、困扰甚至人身危险。①

2. 法治建设状况

人民群众是依法治国的基本力量，实行和发展新时代人民陪审员制度是全面依法治国基本方略的必然要求，是人民群众了解司法、参与司法、监督司法的直接形式，更是人民法院弘扬司法民主、促进司法公开、保障司法公正、增强司法公信的有力保证。

党的十一届三中全会以来，我们党把依法治国确定为党领导人民治理国家的基本方略，始终把法治放在党和国家工作大局中来考虑、来谋划、来推进，依法治国取得了重大成就。党的十八大以来，以习近平同志为核心的党中央从关系党和国家前途命运的战略全局高度来定位法治、布局法治、厉行法治，在深刻总结我国社会主义法治建设成功经验和深刻教训的基础

① 参见胡夏冰：《构建具有人文关怀的陪审制度——来自我国台湾地区的经验》，载《法律适用》2015 年第 6 期。

上，提出了全面依法治国总目标，为新时代深化依法治国实践，加快建设社会主义法治国家提供了根本遵循。全面依法治国强调坚持加强党对依法治国的领导，坚持人民主体地位，坚持中国特色社会主义法治道路，坚持建设中国特色社会主义法治体系，坚持依法治国、依法执政、依法行政共同推进，法治国家、法治政府、法治社会一体建设，坚持依宪治国、依宪执政，坚持全面推进科学立法、严格执法、公正司法、全民守法，坚持处理好全面依法治国的辩证关系，充分发挥法治固根本、稳预期、利长远的保障作用。

新时代人民陪审员制度全面贯彻新时代我国法治建设的指导方针，紧密围绕科学立法、严格执法、公正司法、全民守法四个方面，制度设计更契合我国法治特性和司法实际。第一，新时代人民陪审员制度坚持与科学立法结合起来。立法是法治的龙头环节，对于新时代人民陪审员制度具有重要的引领和推动作用。面对新时代的法治要求，先前零散抽象的人民陪审员制度规范已经跟不上时代步伐，需要通过将多年来的经验和改革试点的成果及时上升为法律，增强人民陪审员立法的科学性、及时性、系统性、针对性和有效性。第二，新时代人民陪审员制度坚持与严格执法结合起来。强化对行政权力的制约和监督，保障其依法正确行使，不仅是保障人民基本权利的客观需要，更是落实严格执法的重点环节。人民陪审员通过参与审理行政诉讼案件，能够有效地对行政机关的行政行为进行监督，对于推进严格执法具有重要意义。新时代人民陪审员制度科学界定人民陪审员参与审理行政案件的范围，将涉及社会公共利益、人民群众广泛关注、具有重大影响的行政案件纳入参审范围，促进政府依法行政。第三，新时代人民陪审员制度坚持与公正司法结合起来。公正是法治的生命线，更是司法的灵魂。

公正司法代表了国家法治的文明程度，是国家治理体系和治理能力现代化的重要支撑。人民群众参与司法审判，对于司法权力运行起到了重要的监督制约作用，最大限度地压缩了徇私舞弊的空间。新时代人民陪审员制度紧密结合公正司法的时代要求，扩大参审范围，完善评议机制，切实发挥了人民陪审员对于维护司法公正的重要作用。第四，新时代人民陪审员制度坚持与全民守法结合起来。法国启蒙思想家卢梭曾说：一切法律中最重要的法律，既不是铭刻在大理石上，也不是铭刻在铜表上，而是铭刻在公民的心中。法治观念是法治的重要基础，法律只有被信仰、被认同，人们才会自觉地遵守法律，把依法办事当作生活习惯。新时代人民陪审员制度更加注重人民参与审判的法治宣传教育作用，通过人民参与每一次庭审、每一次评议，弘扬社会主义法治精神，使人民群众认识到法律既是保障自身权利的有力武器，也是必须遵守的行为规范，使尊法、信法、守法、用法、护法成为全社会的共同追求。

（三）探索实践基础

从 20 世纪 30 年代开始，中国共产党将党的群众路线和工作方法成功地运用到司法审判工作中，带领人民缔造了真正维护中国人民利益的人民陪审员制度。

在党的领导下，从革命根据地、边区到解放区，从工农民主政府到中华人民共和国，都实行了人民陪审员制度。作为人民司法的优良传统，我国的人民陪审员制度发轫于中国共产党领导的民主革命实践，正式确立于中华人民共和国成立之初。经过艰苦卓绝的探索，我国的人民陪审员制度随着中国特色社会主义法治建设的推进，不断走向成熟。

早在新民主主义革命时期，中国共产党就将群众路线、人民司法运用到审判实践中，带领人民创造了中国特色的人民陪审员制度。从革命根据地时期到中华人民共和国成立前，通常被视为人民陪审员制度的发端阶段。

最早规定人民参与审判的法律文件是江西苏区 1932 年颁布的《裁判部暂行组织及裁判条例》。该条例在第 13~15 条、第 19 条对人民参与审判作出了规定。其中第 15 条规定："主审与陪审员在决定判决书时，以多数的意见为标准，倘若争执不决时，应当以主审的意见来决定判决书的内容，如陪审员之某一人有特别意见，而坚决保留自己的意见时，可以用信封封起送发上级裁判部去，作为上级裁判部对该案件的参考。"陕甘宁边区时期也出台了一系列关于人民陪审员制度的法律文件。在这一时期，陪审员对案件具有陈述意见权和案件评议权，对案件的裁判结果不具有决定权。但审判人员对陪审员的意见不采纳的，应当予以释明。在陪审员坚持己见时，亦须报上级裁判。这些关于人民陪审的有益尝试，对激发人民群众的民主意识，调动人民群众参与民主管理的积极性，充分保障人民权益，发挥了巨大作用。马锡五同志曾指出，实行人民陪审，不仅可以吸引群众参加国家管理，增强人民群众的主人翁意识和政治责任感，而且可以将审判工作置于人民群众的监督之下，不断提高案件质量，防止错判。

中华人民共和国成立后，人民陪审员制度逐步被宪法、法律确定下来，得到了空前的发展。在中华人民共和国成立初期形势极端复杂的情况下，行使审判权的人民陪审员对于打击敌人、巩固新生政权发挥了重要作用。与此同时，人民陪审员通过审判案件，可以向人民群众进行法律宣传教育，密切了法律与群众的关系。

1951 年中央人民政府委员会颁布的《人民法院暂行组织条

例》第6条规定："为便于人民参与审判，人民法院应视案件性质，实行人民陪审制。陪审员对于陪审的案件，有协助调查、参与审理和提出意见之权。"我国1954年《宪法》规定："人民法院审判案件依照法律实行人民陪审员制度。"同年颁布的《人民法院组织法》明确规定了适用人民陪审的案件范围，即人民法院审判第一审案件，实行人民陪审员制度，但是简单的民事案件、轻微的刑事案件和法律另有规定的案件除外。1956年7月21日，司法部经国务院批准发布了《关于人民陪审员的名额、任期和产生办法的指示》，当时全国人民陪审员已达到20多万人。1963年2月11日，最高人民法院发布了《关于结合基层普选选举人民陪审员的通知》。按照这些规定，人民陪审员主要设在基层人民法院。各基层人民法院首先要在广泛征求各方意见的基础上提出候选名单，然后由城镇或人民公社的选民直接选举产生，或者由基层人民代表大会选举产生。人民陪审员的任期一般为2年。高级人民法院和中级人民法院在需要人民陪审员参与审判时，一般采取临时邀请的方式。①

由于《民事诉讼法》和《刑事诉讼法》在这一阶段尚未制定，人民参与审判具体如何落实还没有得到完全解决。但相关部门在发布的一系列指示和批复中，对人民陪审员的资格条件、选任方式、审理案件范围、履职权限等问题作出了初步规定，

① 李成斌：《中国陪审制度的存废问题研究》，载孙谦、郑成良：《中国的检察院法院改革》，法律出版社2004年版，第309~310页。

为日后人民陪审员制度的制度化、规范化奠定了基础。[①]

“文化大革命”期间，我国司法制度受到严重破坏，人民陪审员制度也未能幸免，1975 年《宪法》取消了人民陪审员参与审判案件的规定。即使法院在一些特殊场合邀请人民参加案件的审理，也与真正的人民陪审员制度相差甚远。

党的十一届三中全会后，随着改革开放和社会主义现代化建设的推进，党提出了加强社会主义民主、健全社会主义法制的主张，民主与法制建设被提升到十分重要的位置，包括人民陪审员制度在内的各项法律制度开始重建并迅速发展起来。

1978 年，我国开始恢复和重建司法制度。1978 年《宪法》第 41 条规定：“人民法院审判案件，依照法律的规定实行群众代表陪审的制度。”1978 年 3 月 27 日，最高人民法院发布了《关于人民法院陪审的群众代表产生办法的通知》，重申了 1963 年《关于结合基层普选选举人民陪审员的通知》中的有关规定。1979 年颁布的《人民法院组织法》《刑事诉讼法》再次明确规定了人民法院一审合议庭应该由审判员和陪审员共同组成。

1982 年《宪法》虽然没有对人民陪审员制度作出规定，但 1983 年全国人大常委会通过的《关于修改〈中华人民共和国人民法院组织法〉的决定》规定：人民法院一审合议庭可以由审判员和陪审员共同组成，也可以完全由审判员组成。1983 年

---

① 这一时期的重要指示和批复有 1956 年《司法部关于人民陪审员的名额、任期和产生办法的指示》《司法部关于陪审员是否可以暂代行审判员职务问题的复函》；1956 年最高人民法院发布的《各级人民法院民事案件审判程序总结》《各级人民法院刑事案件审判程序总结》；1957 年《关于经陪审合议后的民事案件，审判员又独自进行调解而达成协议的，应否重新合议等问题的复函》《关于“主持调解的审判人员”是否包括人民陪审员等问题的批复》；1964 年《关于民事案件在开庭审理前试行调解时不必邀请人民陪审员参加的批复》等。参见最高人民法院政治部编著：《〈中华人民共和国人民陪审员法〉条文理解与适用》，人民法院出版社 2018 年版，第 17 页。

《人民法院组织法》规定，陪审员由选举产生，并享有与法官同等的权利。人民陪审员制度的法理基础是司法民主，而“一切权力属于人民”的宪法原则，亦可推定为人民陪审员制度的法律渊源。

虽然关于人民陪审员制度的专门法律在这一阶段尚未制定实施，但是在最高人民法院的大力推动下，很多规范性文件陆续出台。1999 年 10 月 20 日，最高人民法院印发的《人民法院五年改革纲要》第 23 条就完善人民陪审员制度提出了明确要求：“对担任人民陪审员的条件、产生程序、参加审判案件的范围、权利义务、经费保障等问题，在总结经验、充分论证的基础上，向全国人大常委会提出完善我国人民陪审员制度的建议，使人民陪审员制度真正得到落实和加强。”1999 年 5 月 8 日，最高人民法院向全国人民代表大会常务委员会提交了《关于提请审议〈关于完善人民陪审员制度的决定（草案）〉的议案》。2000 年 10 月 23 日，时任最高人民法院院长肖扬在第九届全国人民代表大会常务委员会第十八次会议上作《关于完善人民陪审员制度的决定（草案）》议案的说明时指出，人民陪审员参与审判案件，可以充分体现我国社会主义司法民主，是人民群众参与国家管理的重要方面，应完善人民陪审员制度。人民陪审员与审判员组成合议庭共同审理案件，是对审判工作更为直接、更为有效的监督方式，对于加强廉政建设，促进司法公正，都能收到很好的效果。人民陪审员注重从社会道德标准的角度对案件进行评断，与审判员的思维可以形成互补。专家型陪审员能够利用自己的专业知识，解决审判中的疑难问题，有利于查清事实，正确适用法律。在各方积极推动下，2004 年 8 月 28 日第十届全国人民代表大会常务委员会第十一次会议通过了《全国人民代表大会常务委员会关于完善人民陪审员制度的决定》

（以下简称《决定》），成为人民陪审员制度重要的法律依据。

《决定》颁布后，人民陪审员制度的相关制度规范得到了进一步明确：2004 年，最高人民法院与司法部联合印发了《关于人民陪审员选任、培训、考核工作的实施意见》；2005 年，最高人民法院与财政部联合印发了《关于人民陪审员经费管理有关问题的通知》，还印发了《关于人民陪审员管理办法（试行）》；2010 年，印发了《关于人民陪审员参加审判活动若干问题的规定》《关于进一步加强和推进人民陪审工作的若干意见》。与此同时，一些地方也对实践中的问题进行了总结，出台了符合本地区实际情况的规范性文件。[①] 这些规范性文件的出台使人民陪审员制度规范一改过去"过于原则""不够系统""缺乏可操作性"等弊端，为制度的科学有效运行提供了坚实法制支撑。

在这一阶段，人民陪审员制度呈现以下三个方面的特点：

一是明确了人民陪审员的选任方式。各地法院规范选任程序，丰富选任方式，既广泛邀请人大代表、政协委员、专家学者以及社区工作者参加陪审工作，也注重提高群众代表所占比例，不断优化人民陪审员队伍结构。同时，规定了选任普通群众担任人民陪审员的最低比例，更加注重推荐来自基层的群众代表参加陪审工作，确保人民陪审员的来源有效涵盖不同社会群体。[②] 根据《决定》的规定，人民陪审员应当具备以下条件：拥护《宪法》；年满 23 周岁；品行良好、公道正派；身体健康。担任人民陪审员，一般应当具有大学专科以上文化程度。同时，

---

① 比较有代表性的是湖北省武汉市 1991 年制定的《武汉市人民陪审员条例》和北京市 1999 年印发的《北京市法院人民陪审员工作管理办法（试行）》。

② 周强：《最高人民法院关于人民陪审员决定执行和人民陪审员工作情况的报告——2013 年 10 月 22 日在第十二届全国人民代表大会常务委员会第五次会议上》，载中华人民共和国最高人民法院官网 2013 年 10 月 23 日，http://www.court.gov.cn/zixun/xiangqing/5756.html。

人民代表大会常务委员会的组成人员，人民法院、人民检察院、公安机关、国家安全机关、司法行政机关的工作人员和执业律师等人员，因犯罪受过刑事处罚的，被开除公职的，不得担任人民陪审员。基于上述选任条件，按照他荐与自荐相结合的方式，最终确定人民陪审员人选。在具体案件人民陪审员的选择上，确立了随机抽选原则。基层人民法院审判案件依法应当由人民陪审员参加合议庭审判的，应当在人民陪审员名单中随机抽取确定。中级人民法院、高级人民法院审判案件依法应当由人民陪审员参加合议庭审判的，在其所在城市的基层人民法院的人民陪审员名单中随机抽取确定。在此法律框架下，各地法院探索出“分类随机抽取”等做法，提升了选任程序的可操作性。在具体选择人民陪审员的随机抽选方式中，存在三种实践样态：以江苏省苏州市吴中区人民法院为代表的电脑随机抽取机制；以北京市西城区人民法院为代表的轮流抽取机制；以四川省成都市武侯区人民法院为代表的以分组使用、定期轮换为基础的多元抽取机制。①

二是明确了人民陪审员参与审理的案件范围。《决定》规定：“人民法院审判下列第一审案件，由人民陪审员和法官组成合议庭进行，适用简易程序审理的案件和法律另有规定的案件除外：（一）社会影响较大的刑事、民事、行政案件；（二）刑事案件被告人、民事案件原告或者被告、行政案件原告申请由人民陪审员参加合议庭审判的案件。”上述规定使得人民陪审员制度可以适用的范围更加广泛，同时也突出了对当事人是否适用该制度意愿的尊重。据统计，《决定》实施后的八年，全国人

① 李玉华、张思尧、杨亮：《中国特色陪审制度的新发展》，中国政法大学出版社2014年版，第66~67页。

民陪审员参加审理案件共计 803.4 万人次。[①]

三是明确了人民陪审员的评议表决机制。在这一阶段，人民陪审员制度更加强调人民陪审员与法官的同等权利，两者共同决定案件的事实认定和法律适用问题。根据《决定》的规定，人民陪审员参加合议庭审判案件，对事实认定、法律适用独立行使表决权。合议庭评议案件时，实行少数服从多数原则。人民陪审员同合议庭其他组成人员意见存在分歧的，应当将其意见写入笔录，必要时，人民陪审员可以要求合议庭将案件提请院长决定是否提交审判委员会讨论决定。

总体上看，从改革开放到党的十八大召开前，经过三十多年的不懈努力，我国的人民陪审员制度得到了充分发展，积累了丰富经验，为新时代中国特色人民陪审员制度的构划和实践奠定了坚实基础。然而，由于人民陪审员制度的功能定位还较为模糊，内部机制、配套制度和法律规范仍存在缺失，“陪而不审，审而不议”“驻庭陪审”“编外法官”等问题逐渐显现出来，制约了人民陪审员制度功能的发挥。因此，构划兼具系统性、整体性、协同性的新时代人民陪审员制度，提出独具中国特色、符合中国实际的陪审制度中国方案，不仅是必要的，更是迫切的。

二、陪审制度中国方案的问题导向

问题是时代的声音，也是理论与实践的逻辑起点，历史总是在不断解决问题中前进的。

① 袁定波:《人民陪审员 8 年参与审案 803 万人次 将民意引入司法》，载中国新闻网 2013 年 11 月 1 日，http://www.chinanews.com.cn/fz/2013/11-01/5455406.shtml。

坚持问题导向，是马克思主义的鲜明特点，是贯穿习近平新时代中国特色社会主义思想的一个重要思想方法和工作方法。习近平总书记指出："每个时代总有属于它自己的问题，只要科学地认识、准确地把握、正确地解决这些问题，就能够把我们的社会不断推向前进。"[①] 习近平总书记还特别强调："要有强烈的问题意识，以重大问题为导向，抓住重大问题、关键问题进一步研究思考，找出答案，着力推动解决我国发展面临的一系列突出矛盾和问题。"[②]

问题无处不在、无时不有，要紧的是善于发现问题。问题是事物矛盾的表现形式，强调增强问题意识、坚持问题导向，就是承认矛盾的普遍性、客观性。要坚持历史和现实相贯通、理论和实际相结合，进行深入思考和全面把握，正视问题、直面问题，掌握解决问题的主动权。

发现问题是前提，能不能正确分析问题是关键。要善于具体问题具体分析，弄清楚哪些是体制机制弊端造成的问题，哪些是工作责任落实不到位造成的问题，哪些是条件不具备一时难以解决的问题。要善于从繁杂问题中把握事物的规律性，从苗头问题中发现事物的倾向性，从偶然问题中揭示事物的必然性。

发现问题、分析问题，目的都是解决问题。要以解决问题为工作导向，聚焦实践中遇到的问题，不断找出解决问题的理念、思路、办法。

陪审制度的中国方案正是坚持问题导向，做到科学认识、

---

① 中共中央宣传部编：《习近平新时代中国特色社会主义思想学习纲要（2023年版）》，学习出版社、人民出版社2023年版，第300页。

② 参见习近平总书记2013年9月17日在中共中央召开的党外人士座谈会上的讲话，载《人民日报》2013年11月14日，第1版。

准确把握、正确解决陪审制度创设中的一系列问题，确保了制度的科学性、前瞻性和有效性。

（一）宏观方面

1. 司法腐败问题

司法腐败是一个世界性的司法难题。司法人员的清正廉洁直接关系到人民群众获得感、幸福感、安全感，对于维护社会公平正义具有至关重要的作用。党的十八届四中全会提出，要对司法领域的腐败零容忍，坚决清除害群之马。解决司法腐败问题，不仅要在加大查处力度、提高队伍素质方面强化不敢腐的震慑、增强不想腐的自觉，更要通过扩大司法民主、强化司法监督进一步扎牢不能腐的笼子，坚决清除司法腐败的“毒瘤”。人民陪审员制度通过人民参与司法审判的形式，实现了人民对审判权的制衡和监督，使司法权力运行从“暗室”进入“玻璃房”，对于防止司法腐败具有重要意义。

从学理上看，司法腐败是指发生在所有司法环节中的腐败，包括公安系统、检察系统、法院系统和司法行政系统存在的腐败行为。在此，仅讨论发生在法院审判活动中的司法腐败，以便探讨我国在审判案件时应适用何种模式的审判制度。

从近年来查处的司法腐败案件来分析，司法腐败主要有四种表现形式：一是贪赃枉法，即法官利用其审判案件的权力，通过收取当事人或者律师的贿赂，进行权钱交易，即所谓的“金钱案”；二是徇私枉法，即法官考虑与当事人或其请托人的特殊关系而枉法裁判，也就是通常所说的“人情案”“关系案”；三是将司法权滥用于居间谋利，利用自身影响力谋求不正当利益；四是对法官有制约关系的人干预司法，法官枉法裁判。

阳光是最好的防腐剂。司法腐败的根源在于对审判权缺乏科学有效的监督。人民陪审员参与司法审判，能够在客观上对法官形成监督和约束，提高审判的透明度，促进严格依法办案，从制度层面有效防止司法腐败。具体而言，人民陪审员参与司法审判对于防止司法腐败有如下几方面的作用：第一，人民陪审员大多是通过随机抽选的方式产生，具有较高的广泛性和代表性，当事人贿赂或请托人民陪审员的概率较低；第二，人民陪审员来自普通民众，与法院甚至其他国家权力机关没有隶属关系，地位更为中立，能够有效抵制司法系统内部或其他单位的干扰；第三，人民陪审员与法官共同参与案件审理，可以全程参与司法审判活动，有效地监督司法权的行使。

陪审制度的中国方案紧密结合其在防止司法腐败中的作用，从选任机制和选任程序上，保证人民陪审员的广泛性和流动性，使贿赂或请托人民陪审员的可能性降至最低；从参审程序和参审机制上，保障人民陪审员参与审判的实效性，充分发挥人民陪审员在监督司法审判、促进公正审判中的作用，从供给和需求两方面遏制司法腐败问题的发生。

2. 司法公正感受不充分问题

习近平总书记强调，司法是维护社会公平正义的最后一道防线。司法公正对社会公正具有重要引领作用，司法不公对社会公正具有致命破坏作用。[①] 人民陪审员制度作为促进司法公正的重要制度，在改革方案的构划中，需要厚植公平正义理念，通过提升裁判的公正度、公信度，让人民群众在每一个司法案件中感受到公平正义。

面对司法公正感受欠缺的问题，首先要厘清司法公正与司法公正感受之间的关系。司法公正与司法公正感受是完全不同

---

① 习近平：《关于〈中共中央关于全面推进依法治国若干重大问题的决定〉的说明》，载《人民日报》2014年10月29日，第2版。

的概念。司法公正是指司法人员在办理案件过程中准确认定事实、正确适用法律，做到实体和程序公正。而司法公正感受是当事人和人民群众对司法机关的司法过程和司法结果是否符合公平正义的个案和整体叠加的评价和印象。二者的区别在于：一是主体不同，司法公正的主体是司法机关，司法公正感受的主体是当事人和人民群众。二是评判标准不同，司法公正的评价标准是一系列法律与社会标准的结合，是一种客观存在，更为理性；司法公正感受是当事人和人民群众对司法公正的评价和印象，是一种主观认知，掺杂着更多的感性因素。三是实现路径不同，司法公正的实现依托的是司法机关的司法行为在程序与实体上的公正，司法公正感受更多的是依靠人民群众的主动或被动地对司法活动的感知。从公正启发理论来看，当个体缺乏用以评估公平的信息时，更多地会调用那些显著却不见得具有相关性的信息进行评价。裁判结果的合议过程是保密的，在当事人得知裁判结果时，其无法得知合议过程的信息，进而将对裁判结果可能存在的不满与其他个别法官等司法人员的违纪违法、形象不佳、作风不端等问题联系起来，必然会影响人民群众对司法公正的整体评价。因此，为提升人民群众的司法公正获得感，不仅要保证司法裁判的公正，也要在司法裁判中更多地注入情感要素，树立定分止争与关注群众感受并重的理念，在纠纷裁决上既做到依法公正、符合法治精神，也要关注群众的心理感受、情感体验和接受认可程度，落实好为民便民措施，提高司法工作亲和力，让人民群众在诉讼中感受司法的温情和关怀。①

陪审制度的中国方案注重正确处理司法公正与司法公正感

① 石时态：《让人民群众感受司法公正的几点思考》，载《人民法院报》2017年7月21日，第5版。

受之间的关系，在确保案件得到公正审判的前提下，充分发挥人民陪审员来自群众、联系群众、熟悉群众、为了群众的独特优势，提升人民群众的司法获得感。一方面，人民陪审员制度在人民陪审员的参审程序与参审职权上进行整体构划，突出人民陪审员对案件程序公正和实体公正的监督作用，发挥其在社会经验方面的优势，与法官的职业思维形成互补，促进案件的公正审理。另一方面，充分发挥人民陪审员属于社会不同行业、不同职业、不同年龄、不同民族等方面的优势，利用每一个案件、每一次庭审、每一份裁判文书宣传社会法治观念和司法公正观念，让每一位人民陪审员带动身边的群众共同监督司法、理解司法、支持司法。

3. 司法公信力有待提高问题

司法公信力是法治国家建设的基石，是构建良好社会秩序的有力手段。改革开放以来，我国司法工作取得了巨大成就，但司法公信力仍有待提高。这主要体现在以下几方面：

一是对司法信心不够，存在“惧讼”“厌讼”现象。有的人认为打官司难，打赢官司更难，执行更是难上加难。出现纠纷时，不愿通过诉讼解决，而是寻求私力救济。案件起诉到法院后，有的当事人不走正常程序，而是托关系、走后门，对法官施加压力和影响。即使处于有利诉讼地位的一方当事人，也怕败诉或诉讼被拖延，把胜诉的希望寄托在所谓的“关系”“人情”上，因此出现“案件一进门，两头都托人”的现象。

二是对法官缺乏信任，伤害法官事件时有发生。有的当事人、利害关系人或其家属，公然对承办法官进行侮辱、谩骂、殴打；个别法官（含执行人员）甚至被伤害、被刺杀。[①]

三是对裁判缺乏信任，“信访”不“信法”。有的人认为法院办案效率低下，案件久拖不决。由于有的当事人对裁判公正与效率的认同度不高，导致出现群体信访和个体信访。

四是对法律缺乏信仰，司法权威受到挑战。有的当事人公然破坏法庭秩序、妨碍事实认定、抗拒裁判执行、僭越司法职权、贬损司法尊严。[②]有的当事人、利害关系人或其家属无视法律尊严，咆哮于公堂之上，甚至用暴力攻击法庭工作人员。有的当事人不履行司法裁判确定的义务，甚至逃避执行，暴力抗法。

司法公信力建设作为一项系统工程，其中最为重要的一个环节就是司法主体的公信建设。这不仅要求法官满足革命化、正规化、专业化、职业化的新时代要求，也需要人民陪审员制度充分发挥制度功能，通过人民陪审员见证司法、参与裁判，引导广大群众理解和支持人民法院工作，不断增强司法权威和司法公信力。陪审制度的中国方案着力破解制约人民陪审员的公信力的机制障碍，为其充分履职提供制度保障。

加强人民陪审员公信建设，首先，加强人民陪审员队伍公信建设，降低人民陪审员资格条件，扩大选任范围，改革选任办法。选择时不分性别、职业、教育程度、社会地位，只要具有民事行为能力，没有被剥夺政治权利，达到一定年龄，就可以担任人民陪审员。通过队伍公信建设，使人民陪审员在社会

① 据最高人民法院组织的关于人民法院司法公信力现状的实证调研，在接受调查的 398 名法官和法院其他工作人员中，有 59.55% 的人在办案过程中受到过当事人的谩骂、殴打和侮辱。参见刘玉民：《社会主义市场经济体制下的司法公信力研究》，中央民族大学 2009 年博士学位论文，第 69 页。

② 张英霞：《妨害司法权威典型犯罪研究》，吉林大学 2004 年博士学位论文，第 1 页。

公众中具有广泛的代表性，最大限度地扩大民众对司法的参与范围，使人民陪审员制度真正落到实处。[①]其次，加强履职公信建设，明确人民陪审员在审理案件中的职权范围。通过科学地界定人民陪审员和法官的职权范围，既使人民陪审员的陪审具有确定性，又可以消除法官受外力干扰或恣意裁判的可能，获得公众较高的信赖，使裁判更具有权威性，也使司法更具公信力。通过量化人民陪审员工作绩效的指标体系，加强对人民陪审员的培训，强化对人民陪审员的监督管理和考核奖励。同时，国家通过立法为人民陪审员履职提供经费、安全等各方面的保障，提升其履职积极性。[②]

（二）微观方面

1. 功能定位问题

不同主体对人民陪审员制度的功能定位是不同的：国家希望通过人民陪审员参与审判工作实现司法民主价值；社会希望通过人民陪审员监督法官公正廉洁司法，实现司法公正价值；法院希望发挥人民陪审员自身优势弥补司法能力不足，实现司法公正及司法公信价值；人民陪审员自身存在发挥余热为社会多做贡献、学习法律知识等功能定位。[③]然而，因受到实用主义和功利主义的影响及自身内部机制的不健全，人民陪审员制度在实际运行中出现了偏差，导致了“陪而不审、审而不议”等一系列问题。陪审制度中国方案做到了功能定位准确，以司法

---

① 沙国华、房保国：《诉讼制度改革研究》，学林出版社 2003 年版，第 92 页。

② 石时态：《司法公信力建设路径研究》，载陈富主编：《实践与思考——中共中央党校第 32 期中青一班一支部毕业论文集》，商务印书馆 2012 年版，第 67~68 页。

③ 参见吴英姿：《人民陪审制改革向何处去？——司法目的论视域下中国陪审制功能定位与改革前瞻》，载《苏州大学学报（法学版）》2014 年第 3 期。

民主、司法公正和司法公信为价值依归。

第一，陪审制度中国方案聚焦司法民主功能。人民陪审员制度是人民当家作主在司法领域的体现。人民陪审员制度是我国人民民主的重要形式，是中国特色社会主义司法制度的重要内容，是建设社会主义法治国家的题中之义。司法民主的核心要义就是人民群众都有平等的机会，广泛参与到司法审判之中。这种机会平等的直接体现就是人民陪审员的广泛性和代表性。2005 年施行的《决定》要求担任人民陪审员一般应当具有大专以上学历，多数群众特别是农村地区、偏远地区群众因学历不满足要求被排除在外，使人民陪审员饱受“精英化”诟病。同时，《决定》还规定人民陪审员选任由个人申请和组织推荐相结合，导致有的地方的人民陪审员成为常驻人员，走向“常任化”道路。这些错误倾向都偏离了司法民主所要求的机会平等轨道，可能使人民参与审判的权利成为特定群体的专属权利。陪审制度中国方案对选任资格和选任方式进行重新构划，通过降低学历要求和采用随机抽选方式，确保所有符合担任人民陪审员条件的公民在机会上是平等的，都有依法被选任为人民陪审员的民主权利，用制度保证人民陪审员来源的广泛性和代表性。

第二，陪审制度中国方案聚焦司法公正功能。促进司法公正是人民陪审员制度的另一功能，其主要方式就是普通群众依靠朴素的正义观念和认知能力，与法官的专业思维形成互补，促进案件的公正审理；同时，通过亲身参与审判，发表参审意见，对法官的审判权进行监督，防止权力滥用导致司法不公。这就要求人民群众不仅能够广泛参与审判工作，更要求这种参与是真实的、深入的、有效的。之前，由于人民陪审员的参审职权不明，其在参审过程中往往因不知、不敢或不愿发表看法而选择缄口不言，使陪审活动流于形式，产生了“陪而不审，审而不议”问题。在实践中，人民陪审员凭借其社会经验，认定案件的事实问题一般是游刃有余的，而对于复杂的法律适用问题，则受限于知识结构和法律素养，显得力不能及。陪审制度中国方案深入考虑人民陪审员的优势和劣势，构划符合人民陪审员实际情况的参审机制和评议表决机制，通过提升参审实效性促进司法公正。

第三，陪审制度中国方案聚焦司法公信功能。人民陪审员具有联系群众、熟悉群众、代表群众方面的独特优势，通过人民陪审员有效参与审判，有利于进一步引导广大群众理解和支持人民法院审判工作，不断增强司法权威和司法公信力。实践中，存在一些背离人民陪审员制度设计初衷的情况，影响了人民陪审员的社会公信度。陪审制度中国方案对人民陪审员的定位偏差予以矫正，真正让陪审员来自广大群众、代表广大群众充分履职，提升人民陪审员制度的公信度和司法公信力。

2. 内部机制问题

陪审制度中国方案注重解决内部机制问题：

第一，人民陪审员选任机制不够科学的问题。民主最重要的因素之一是民众参与的广泛性。为了实现人民陪审员制度的民主性，就要求尽可能地扩大潜在候选人范围，使更多的民众有机会参与审判案件。我国对人民陪审员的选任在选任条件、选任程序上有部分限制性要求，《决定》对人民陪审员的选任条件进行了详细的规定，其中在文化程度方面要求一般要具备大专以上文化程度。该规定原则上将文化程度在大专以下的民众排除在人民陪审员的队伍之外。同时，《决定》规定符合担任人民陪审员条件的公民，可以由其所在单位或者户籍所在地的基层组织向基层人民法院推荐，或者本人提出申请，由基层人民法院会同同级人民政府司法行政机关进行审查，并由基层人民法院院长提出人民陪审员人选，提请同级人民代表大会常务委员会任命。虽然选任的方式有推荐和申请两种，但法院在审查过程中难免带有倾向性，易将愿意“配合”法院工作的人提请为人民陪审员，一定程度上会降低人民陪审员履职的独立性，无法切实起到监督、制约司法机关和司法人员的作用与效果。

第二，人民陪审员的任期制度不完善的问题。《决定》规定人民陪审员的任期为五年，但没有届数的限制，意味着人民陪审员可以连选连任，甚至一名人民陪审员可以任职十几年甚至数十年的时间。虽然人民陪审员经过连选连任在长期的陪审实践中能够提高法律素养、提升履职能力，但亦会产生一定的负面作用，催生“编外法官”“专职人民陪审员”现象。人民陪审员因长期参审案件，职业化倾向将会增强，所具有的民众色彩逐渐减退，甚至会演变成“半职业法官”。人民陪审员的这种演变，会降低人民陪审员制度的民主性，不利于司法民主的实现。此外，人民陪审员长期任职，在与司法人员长期相处和共事的过程中，会产生千丝万缕的联系，这种联系虽然有助于双方增进了解、提高审判效率，但联系过密也会影响人民陪审员的中立性，其对司法人员的监督和制约作用难以有效发挥。

第三，未规定法官的指引和提示义务的问题。人民陪审员由普通民众组成，大部分未受过系统的法律教育，即使有一部分人民陪审员受过系统的法律教育，因在日常工作生活中疏于接触，以及近年来我国法律不断出台，难以有效履职。因此，法官应当对与案件审判相关的案件争议焦点、事实认定、证据规则、法律规定等事项和需要注意的问题进行指引和提示，进行必要的解释和说明，帮助人民陪审员履职。这里所说的指引，不仅包括适用法律方面的指引，还包括认定事实方面的法律指引。在我国的法律制度中，即使是人民陪审员参审案件，也要受到证明标准的制约，而不是毫无根据地认定案件事实。事实认定方面的法律指引，主要指由法官解释认定案件事实方面的法律规则，例如在刑事案件中，定罪标准是案件事实清楚，证据确实、充分，证据确实、充分的含义是定罪量刑的事实都有证据证明，据以定案的证据均经法定程序查证属实，综合全案证据，对所认定事实已排除合理怀疑。在人民陪审员参审案件时，法官有义务告知相关规定，以便人民陪审员在此基础上准确认定案件事实。但我国之前的人民陪审员制度未规定法官的指引义务，而是寄希望于人民陪审员掌握同法官相同的法律知识和思维，并公正裁判案件，这是不切实际的，不能充分保证人民陪审员具有必要的法律素养以公正裁判案件。

第四，合议庭评议表决规则不完善的问题。《决定》第11条第1款仅对人民陪审员的评议表决规则作出了原则性规定，即“人民陪审员参加合议庭审判案件，对事实认定、法律适用独立行使表决权”。对于人民陪审员参加合议庭的机制以及评议程序没有进行规定。考虑到审判工作的专业性，应当健全人民陪审员提前阅卷机制，确保其在开庭前为审理案件做好基础性准备。在庭审过程中，应当赋予人民陪审员参与案件调查、提出问题等权利，防止庭审走过场问题出现。与此同时，之前的规定也没有考虑庭审评议程序问题。为了避免人民陪审员受到法官意见的干扰，应当进一步规范合议庭发表意见的顺序和表决的顺序，让人民陪审员充分发表意见。在参审职权方面，《决定》并没有区分案件的事实问题和法律问题，只是笼统地将案件的事实认定权和法律适用权同时赋予人民陪审员，没有充分发挥其富有社会阅历、了解社情民意的优势。

3. 配套制度问题

长期以来，由于配套制度不完善，人民陪审员履职的积极性没有得到充分调动。陪审制度中国方案着力解决配套制度问题。

第一，人民陪审员的管理制度不完善的问题。按照之前的规定，人民陪审员在参加审判活动时，与法官享有同等的权利，但未明确规定人民陪审员的义务或责任，导致在实践中人民陪审员只享有权利，却不承担义务或责任，对人民陪审员的监督也无法真正进行。因人民陪审员参与行使审判权，享有实质性权利，如果缺少监督，只靠自我约束，怠于行使参审权利甚至滋生腐败的可能性会很高，人民陪审员的公信度也会受到影响。陪审制度中国方案建立了对人民陪审员的监督制度和责任追究制度。

第二，人民陪审员的保障机制不够健全的问题。一是之前的人民陪审员制度虽然规定人民陪审员因参与审判活动或参加与审判活动相关的培训的，用人单位不得克扣或变相克扣工资、奖金及其他福利待遇，但未规定切实的保障措施，也未明确具体的权利救济渠道，影响人民陪审员参与审判活动的积极性。二是有工作单位的人民陪审员因参与陪审活动，必然占用工作时间，耗费个人精力，影响工作效率，对于因此而影响用人单位对人民陪审员的考核或晋级的，应如何救济，之前的制度未作具体规定。三是人民陪审员因参与审判活动而致人身、财产安全受到威胁的，能否请求司法机关采取适当的保护措施，以及应由哪个部门采取保护措施，之前的制度未作规定。陪审制度中国方案对此都作出了明确规定。

三、陪审制度中国方案的主要特征

中国特色人民陪审员制度是中国共产党领导的具有鲜明特征的先进司法制度，体现了党的领导、人民当家作主和依法治国的有机统一。

（一）坚持中国共产党的领导

中国共产党是中国工人阶级的先锋队，同时是中国人民和中华民族的先锋队，是中国特色社会主义事业的领导核心，代表中国先进生产力的发展要求、代表中国先进文化的前进方向、代表中国最广大人民的根本利益。中国共产党的最高理想和最终目标是实现共产主义。

一百多年前，中国共产党诞生于国家内忧外患、民族危难之际。那时的中国呈现在世界面前的是一派衰败凋零的景象。中国产生了共产党，这是开天辟地的大事变，深刻改变了近代以后中华民族发展的方向和进程，深刻改变了中国人民和中华民族的前途和命运，深刻改变了世界发展的趋势和格局。

一百多年来，中国共产党弘扬伟大建党精神，领导人民团结奋斗、不断进取，走向了波澜壮阔的光辉历程，取得了震古烁今的伟大成就。中国从四分五裂、一盘散沙到高度统一、民族团结，从积贫积弱、一穷二白到全面小康、繁荣富强，从被动挨打、饱受欺凌到独立自主、坚定自信，创造了一个又一个人间奇迹。中华民族迎来了实现伟大复兴的光明前景，中国人民正在信心百倍地书写着新时代中国发展的伟大历史，正在以中国式现代化全面推进中华民族伟大复兴。

历史雄辩地证明，没有共产党就没有新中国，就没有中国特色社会主义，就没有中华民族伟大复兴。中国共产党无愧为伟大光荣正确的党，无愧为中国工人阶级先锋队，无愧为中国人民和中华民族的先锋队。

习近平总书记指出，“中国特色社会主义最本质的特征是中国共产党领导，中国特色社会主义制度的最大优势是中国共产党领导”。[①] “中国共产党是国家最高政治领导力量，是实现中华民族伟大复兴的根本保证。” [②] 中国共产党的领导是党和国家的根本所在、命脉所在，是全国各族人民的利益所系、命运所系。坚持党的全面领导是坚持和发展中国特色社会主义的必由之路。

坚持中国共产党的领导从1954年载入我国宪法，是我国宪法一以贯之的精神，是立法形式不断发展和立法内涵不断丰富的根本宪法原则。坚持党的领导、人民当家作主、依法治国的有机统一是我国社会主义法治建设的一条基本经验。坚持中国共产党的领导也是陪审制度中国方案的根本特征。

新时代人民陪审员制度从改革部署的提出到改革方案的构划，都是在党的领导下进行的。党的十八届三中全会提出，要广泛实行人民陪审员制度，拓宽人民群众有序参与司法渠道；党的十八届四中全会进一步提出，要保障人民群众参与司法，完善人民陪审员制度，保障公民陪审权利，扩大参审范围，完善随机抽选方式，提高人民陪审员制度公信度，逐步实行人民陪审员不再审理法律适用问题，只参与审理事实认定问题。在党的十八届三中、四中全会作出改革部署后，最高人民法院、司法部严格按照部署要求，结合我国司法实际制定了试点方案

① 参见习近平总书记2016年7月1日在庆祝中国共产党成立95周年大会上的讲话，载习近平系列重要讲话数据库2020年7月15日，http://jhsjk.people.cn/article/31784847。

② 参见习近平总书记2018年3月20日在十三届全国人大一次会议上的讲话，载习近平系列重要讲话数据库2020年7月15日，http://jhsjk.people.cn/article/31784847。

和实施办法，经十二届全国人大常委会第十四次会议授权后，改革试点工作全面展开。因此，人民陪审员制度是党在新的历史时期为发展司法民主、促进司法公正作出的重要部署。新时代人民陪审员制度改革得以顺利推进的根本在于坚持党的领导，充分发挥了党总揽全局、协调各方的重要作用。实践再次证明，只有在党的领导下，人民陪审员制度中国方案才会取得良好效果。

（二）坚持以科学理论为指导

党的十八大以来，以习近平同志为主要代表的中国共产党人，坚持把马克思主义基本原理同中国具体实际相结合、同中华优秀传统文化相结合，科学回答了新时代坚持和发展什么样的中国特色社会主义、怎样坚持和发展中国特色社会主义等重大时代课题，创立了习近平新时代中国特色社会主义思想。习近平新时代中国特色社会主义思想是当代中国马克思主义、二十一世纪马克思主义，是中华文化和中国精神的时代精华，实现了马克思主义中国化新的飞跃。习近平新时代中国特色社会主义思想在新时代伟大实践中创立，随新时代伟大变革而发展，在指导实践、推动实践中展现出巨大的真理力量和独特的思想魅力，是经过实践检验、富有实践伟力的强大思想武器，是新时代中国共产党的思想旗帜，是全党全国人民为实现中华民族伟大复兴而奋斗的行动指南，是新时代党和国家事业发展的根本遵循。

党的十八大以来，以习近平同志为核心的党中央高度重视法治工作。2020 年 11 月 16 日至 17 日，中央全面依法治国工作会议在北京召开。这次会议的一个重要成果，就是首次提出习近平法治思想。会议强调，习近平法治思想内涵丰富、论述深刻、逻辑严密、系统完备，从历史和现实相贯通、国际和国内相关联、理论和实际相结合上深刻回答了新时代为什么实行全面依法治国、怎样实行全面依法治国等一系列重大问题，是顺应实现中华民族伟大复兴时代要求应运而生的重大理论创新成果，是马克思主义法治理论中国化最新成果，是习近平新时代中国特色社会主义思想的重要组成部分，是全面依法治国的根本遵循和行动指南。

党的十八大以来，中国社会主义法治建设发生历史性变革、取得历史性成就，全面依法治国实践取得重大进展，根本在于有习近平新时代中国特色社会主义思想特别是习近平法治思想的科学指引。

新时代人民陪审员制度始终将习近平新时代中国特色社会主义思想特别是习近平法治思想作为指导思想。这也是陪审制度中国方案的重要特征。

（三）坚持以人民为中心

人民是历史的创造者，人民是真正的英雄，人民是执政兴国的最大底气。

习近平总书记指出，江山就是人民，人民就是江山。中国共产党领导人民打江山、守江山，守的是人民的心。[①] 要坚持以人民为中心，树牢群众观点，贯彻群众路线，尊重人民首创精神，坚持一切为了人民、一切依靠人民，始终保持同人民群众的血肉联系，始终接受人民批评和监督，始终同人民同呼吸、共命运、心连心。

---

① 习近平:《高举中国特色社会主义伟大旗帜 为全面建设社会主义现代化国家而团结奋斗——在中国共产党第二十次全国代表大会上的报告》，载《人民日报》2022 年 10 月 26 日，第 1 版。

中国共产党根基在人民、血脉在人民、力量在人民。伟大的波澜壮阔的中华民族发展史是中国人民书写的，博大精深、源远流长的中华文明是中国人民创造的，历久弥新、感天动地的中华民族精神是中国人民培育的，中华民族迎来从站起来、富起来到强起来的伟大飞跃是中国人民奋斗出来的。人民群众是历史发展和社会进步的主体力量。

坚持人民主体地位，充分调动人民群众积极性，始终是我们党立于不败之地的强大根基。中国共产党之所以能够发展壮大，中国特色社会主义之所以能够不断前进，正是因为依靠了人民。谋划发展，最了解实际情况的，是人民群众；推动改革，最大的依靠力量，也是人民群众。改革开放在认识和实践上的每一次突破和发展，改革开放每一个方面经验的创造和积累，无不来自亿万人民的实践和智慧。无论遇到任何困难和挑战，只要有人民支持参与，就没有克服不了的困难，就没有完成不了的任务。

人民群众有着无穷的智慧和力量。习近平总书记指出，“群众路线是我们党的生命线和根本工作路线，是我们党永葆青春活力和战斗力的重要传家宝。不论过去、现在和将来，我们都要坚持一切为了群众，一切依靠群众，从群众中来，到群众中去，把党的正确主张变为群众的自觉行动，把群众路线贯彻到治国理政全部活动之中”。①

我国是人民民主专政的社会主义国家，国家一切权力属于人民。中国共产党始终高举人民民主的旗帜，领导人民进行不懈探索和奋斗，不断发展社会主义民主，确保人民享有广泛而真实的民主权利。党的十八大以来，以习近平同志为核心的党

① 习近平:《在纪念毛泽东同志诞辰120周年座谈会上的讲话》，载《人民日报》2013年12月27日，第2版。

中央深化对民主政治发展规律的认识，提出全过程人民民主的重大理念。全过程人民民主是全链条、全方位、全覆盖的民主，不仅有完整的制度程序，而且有完整的参与实践，形成了全面、广泛、有机衔接的人民当家作主的制度体系，构建了多样、畅通、有序的民主渠道。全过程人民民主充分彰显了社会主义国家性质，充分彰显了人民主体地位，使人民意志得到更好体现、人民权益得到更好保障、人民创造活力进一步激发。在我国全过程人民民主伟大实践中，全体中国人民依法实行民主选举、民主协商、民主决策、民主管理、民主监督，依法通过各种途径和形式管理国家事务，管理经济和文化事业，管理社会事务，实现了最广大人民的广泛持续参与。

公民的基本权利和义务是宪法的核心内容，宪法是每个公民享有权利、履行义务的根本保证。我国宪法保障全体公民享有广泛的权利，保障公民的人身权、财产权、基本政治权利等各项权利不受侵犯。人民群众参加陪审也充分体现了宪法的精神。我国人民陪审员制度创立、定型、发展的过程，也是中国人民参与国家事务管理、参与国家司法活动的过程。坚持以人民为中心，是陪审制度中国方案的根本特征。

无论是人民陪审员制度的基本原则，还是完善人民陪审员制度具体运行机制，其根本目的都在于最大限度地保障司法领域的人民民主，彰显中国特色社会主义司法制度的独特优势。党的十九大提出了坚持人民当家作主的基本方略，强调必须坚持党的领导、人民当家作主、依法治国有机统一，不断健全人民当家作主制度体系，发展社会主义民主政治。人民群众是依法治国的基本力量，人民陪审员制度是人民群众了解司法、参与司法、监督司法的直接形式。人民陪审员制度中国方案回应了人民群众在民主、法治、公平、正义、安全等方面日益增长的要求，对于保障人民群众对司法工作的知情权、参与权、监督权具有至关重要的作用。

（四）坚持全面依法治国

全面依法治国是坚持和发展中国特色社会主义的本质要求和重要保障，关系党执政兴国，关系人民幸福安康，关系党和国家长治久安。

习近平总书记指出："法治兴则国家兴，法治衰则国家乱。什么时候重视法治、法治昌明，什么时候就国泰民安；什么时候忽视法治、法治松弛，什么时候就国乱民怨。"[①]

中华人民共和国成立初期，我们党在废除旧传统的同时，积极运用新民主主义革命时期根据地法制建设的成功经验，抓紧建设社会主义法治，初步奠定了社会主义法治的基础。"文化大革命"时期，我国法治建设走过一段弯路，付出了沉重代价。改革开放以后，我们党总结经验和教训，把依法治国确定为党领导人民治理国家的基本方略，把依法执政确定为党治国理政的基本方式，推动依法治国取得重大成就。

党的十八大以来，我们党对社会主义法治的理论认识和实践探索达到了新的历史高度。以习近平同志为核心的党中央高度重视法治建设，从关系党和国家长治久安的战略高度来定位法治、布局法治、厉行法治，明确提出全面依法治国，并将其纳入"四个全面"战略布局予以有力推进。党的十八届四中全会对全面依法治国作出了顶层设计和重大部署，明确全面推进依法治国总目标是建设中国特色社会主义法治体系、建设社会

① 中共中央宣传部编：《习近平新时代中国特色社会主义思想学习纲要（2023 年版）》，学习出版社、人民出版社 2023 年版，第 100 页。

主义法治国家；党的十九大提出，到2035年基本建成法治国家、法治政府、法治社会；党的二十大强调，在法治轨道上全面建设社会主义现代化国家。

推进全面依法治国，是解决党和国家事业发展面临的一系列重大问题，解放和增强社会活力、促进社会公平正义、维护社会和谐稳定、确保党和国家长治久安的根本要求。

全面依法治国是中国特色社会主义的重要保障，是国家治理的一场深刻革命。推进全面依法治国的总目标是建设中国特色社会主义法治体系，建设社会主义法治国家。加快建设中国特色社会主义法治体系，必须以中国特色社会主义法治理论为科学指导和学理支撑，加快形成完备的法律规范体系、高效的法治实施体系、严密的法治监督体系、有力的法治保障体系。人民陪审员制度是中国特色社会主义司法制度的重要组成部分，对推进司法民主、公正司法具有重要制度价值，是全面依法治国实践的重要一环。新时代人民陪审员制度的方案构划坚持了全面依法治国的基本方略，体现了在法治轨道上推进司法改革的基本思想。

陪审制度中国方案坚持全面依法治国要求。这也是新时代人民陪审员制度不断发展的重要保障。

（五）坚持中国法治道路

中国特色社会主义法治道路是中国特色社会主义道路在法治领域的具体体现。坚持走中国特色社会主义法治道路，是社会主义法治建设成就和经验的集中体现，是法治国家的唯一正确道路。

习近平总书记强调，我国法治建设的成就，大大小小可以列举出十几条、几十条，但归结起来就是开辟了中国特色社会主义法治道路这一条。①

走什么样的法治道路、建设什么样的法治体系，是由一个国家的基本国情决定的。推进全面依法治国，必须从我国实际出发，同推进国家治理体系和治理能力相适应，既不能罔顾国情、超越阶段，也不能因循守旧、墨守成规。要突出中国特色、实践特色、时代特色，走适合自己的道路。

习近平总书记指出："世界上不存在完全相同的政治制度，也不存在适用于一切国家的政治制度模式。'物之不齐，物之情也。'各国国情不同，每个国家的政治制度都是独特的，都是由这个国家的人民决定的，都是在这个国家历史传承、文化传统、经济社会发展的基础上长期发展、渐进改进、内生性演化的结果。中国特色社会主义政治制度之所以行得通、有生命力、有效率，就是因为它是从中国的社会土壤中生长起来的。中国特色社会主义政治制度过去和现在一直生长在中国的社会土壤之中，未来要继续茁壮成长，也必须深深扎根于中国的社会土壤。"②习近平总书记还强调指出："我国的实践向世界说明了一个道理：治理一个国家，推动一个国家实现现代化，并不只有西方制度模式这一条道，各国完全可以走出自己的道路来。可以说，我们用事实宣告了'历史终结论'的破产，宣告了各国最终都要以西方制度模式为归宿的单线式历史观的破产。"③

自古以来，我国形成了世界法制史上独树一帜的中华法系，积淀了深厚的法律文化。出礼入刑、隆礼重法的治国策略，民

---

① 习近平：《加快建设社会主义法治国家》，载《求是》2015年第1期。

② 习近平：《在庆祝全国人民代表大会成立60周年大会上的讲话》（2014年9月5日），载《人民日报》2014年9月6日，第2版。

③ 习近平：《在省部级主要领导干部学习贯彻十八届三中全会精神全面深化改革专题研讨班上的讲话》（2014年2月17日），载习近平系列重要讲话数据库2017年10月12日，http://jhsjk.people.cn/article/29583383。

惟邦本、本固邦宁的民本理念，天下无讼、以和为贵的价值追求，德主刑辅、明德慎罚的慎刑思想，援法断罪、罚当其罪的平等观念，保护鳏寡孤独、老幼妇残的恤刑原则等，都彰显了中华优秀传统法律文化的智慧。当然，对世界上的优秀法治文明成果，我们也积极学习借鉴，有选择地吸收和转化，以我为主，为我所用，但决不照搬别国模式和做法，决不搞“全面移植”。

早在两千多年前，商鞅曾言：“为国也，观俗立法则治，察国事本则宜。不观时俗，不察国本，则其法立而民乱，事剧而功寡。”[①] 法律制度的构建必须立足于本国国情，坚定不移走中国特色社会主义法治道路。新时代人民陪审员制度改革坚持了问题导向，以扩大司法民主、防止司法腐败、促进司法公正、提升司法公信为目标，着力解决了长期以来制约人民陪审员制度效能发挥的“陪而不审、审而不议”以及“驻庭陪审”“编外法官”等问题，构划出了符合我国司法实际的、中国特色的新时代人民陪审员制度方案。

陪审制度中国方案体现了对司法规律的尊重，充分融入了我国历史文化传统、社会政治条件、国家法治特性和法理实践基础。正如德国历史学派法学家萨维尼所言：法律就像语言一样，既不是专断的意志也不是刻意设计的产物，而是缓慢、渐进、有机发展的结果。法律制度的构划必然牢牢根植于本国的司法实际，符合司法发展的一般规律。构建中国特色的人民陪审员制度是遵循我国司法工作历史规律、理论规律、实践规律的必然选择，是探索中国特色社会主义司法民主的必然要求。陪审制度中国方案深化了对我国法治建设的规律性认识，在我国社会主要矛盾发生变化的情况下，主动回应人民群众对于公

---

① 载《商君书》。

平正义新的关切期待，从人民陪审员制度的实际问题出发，通过人民陪审员制度的选任制度改革、职权制度改革、管理制度改革、保障制度改革，进一步提升了人民陪审员的广泛性和代表性，强化了人民陪审员履职的实效性和积极性，弘扬了社会主义民主法治精神，增强了司法审判的公信力。

第四章

陪审制度的探索实践

不断谱写马克思主义中国化时代化的新篇章，是当代中国共产党人的庄严历史责任。

习近平总书记强调："要根据时代变化和实践发展，不断深化认识，不断总结经验，不断实现理论创新和实践创新良性互动。"① 实践是检验真理的唯一标准。新时代人民陪审员制度的探索实践没有止步于先验的思辨和理论的构想，而是大胆探索、勇于实践，取得了显著成效。

党的十八大以来，以习近平同志为核心的党中央高度重视民主法治建设，就进一步深化人民陪审员制度改革作出重大部署。2013 年 11 月，党的十八届三中全会通过《中共中央关于全面深化改革若干重大问题的决定》，提出要广泛实行人民陪审员制度，拓宽人民群众有序参与司法渠道。2014 年 10 月，党的十八届四中全会通过《中共中央关于全面推进依法治国若干重大问题的决定》，提出"完善人民陪审员制度，保障公民陪审权利，扩大参审范围，完善随机抽选方式，提高人民陪审制度公信度"。我国开启全面推进依法治国征程，人民陪审员制度改革提上议程。2015 年 4 月 1 日，中央全面深化改革领导小组审议通过《人民陪审员制度改革试点方案》（以下简称《试点方

---

① 习近平：《坚持运用辩证唯物主义世界观方法论 提高解决我国改革发展基本问题本领》，载人民网 2015 年 1 月 25 日，http://jhsjk.people.cn/article/26445123。

案》)，拉开了人民陪审员制度改革的序幕。4月24日，第十二届全国人民代表大会常务委员会第十四次会议表决通过《关于授权在部分地区开展人民陪审员制度改革试点工作的决定》，授权最高人民法院在北京、河北、黑龙江、江苏、福建、山东、河南、广西、重庆、陕西十个省（自治区、直辖市）各选择五个法院（含基层人民法院及中级人民法院）开展试点工作。5月20日，最高人民法院、司法部联合印发《人民陪审员制度改革试点工作实施办法》(以下简称《实施办法》)，对试点地区人民陪审员的选任条件、参审范围、参审职权和履职保障等问题作出规定。北京市第二中级人民法院、北京市门头沟区人民法院，河北省邯郸市中级人民法院、石家庄市裕华区人民法院，黑龙江省鸡西市中级人民法院、鸡西市鸡冠区人民法院，江苏省南京市中级人民法院、南京市鼓楼区人民法院，福建省龙岩市中级人民法院、厦门市海沧区人民法院，山东省青岛市中级人民法院、青岛市崂山区人民法院，河南省安阳市中级人民法院、安阳市龙安区人民法院，广西壮族自治区崇左市中级人民法院、桂林市七星区人民法院，重庆市第三中级人民法院、重庆市沙坪坝区人民法院，陕西省渭南市中级人民法院、西安市雁塔区人民法院等50家法院，严格按照《试点方案》《实施办法》的要求和规定，精心组织、大胆探索，对人民陪审员制度的选任机制、参审范围、参审机制和管理机制进行了积极探索实践。

一、选任机制的探索实践

人民陪审员制度是集司法与政治于一体的制度，其选任机制对人民陪审员制度在司法实践中的运行发挥着尤为重要的作用，是司法人民性、民主化的要求，更是保障人民陪审员制度合理有效运行的核心因素。试点过程中，试点法院探索出了符合司法规律、可操作性强的选任机制。

（一）改革背景

人民陪审员制度改革之前，选任机制主要体现在全国人大常委会 2004 年 8 月 28 日通过的《决定》和最高人民法院、司法部 2004 年 12 月 13 日公布的《关于人民陪审员选任、培训、考核工作的实施意见》（以下简称《实施意见》）两个文件中，上述规定对公民担任人民陪审员的资格、条件、名额、选任流程、任期等作出了规定。然而，从近十年的司法数据统计和学者研究动态来看，原人民陪审员制度选任机制已经不能满足新时代的发展要求。这主要体现在以下三个方面：

一是选任办法合理性不足。《决定》和《实施意见》对于人民陪审员选任制度的具体规定不明晰，没有制定统一规范的操作办法，人民陪审员的选任形式各异，较为混乱：有的是组织推荐，有的是自荐申请，还有的是通过考试选拔。另外，从人民陪审员功能定位上来讲，其核心功能之一就在于对司法审判活动进行外部监督，而选用合一的制度设计却难以实现这一功能。

二是选任人员代表性不足。《决定》规定选任人民陪审员要求一般应当具备大学专科以上文化程度，同时规定了相对严格的选任程序，导致了我国人民陪审员选任的相对“精英化”。北京市高级人民法院的调研报告显示，2011 年 7 月，北京法院共有人民陪审员 1541 人，其中本科以上学历 1069 人，大专 356 人，高中以下 106 人，大专以下学历人员主要选任在边远农村地区；党政机关 599 人，企事业单位 713 人，其他单位 229 人；

而其中有人大代表 94 人，政协委员 47 人。黑龙江省大庆市让胡路区人民法院 2013 年具有人民陪审员 62 人，均系大专以上学历，党政机关和企事业单位人员 47 人。[①]由此可见，普通群众担任人民陪审员的比例较低，更多的是具有高学历的党政机关和企事业单位的人员，导致了代表性不足及群众基础欠缺问题。

三是民众参与积极性不高。选任机制作为陪审程序的第一关，对于整个人民陪审员制度而言具有至关重要的作用。在制度运行过程中，由于人民陪审员的来源不够广泛，社会公众对人民陪审员制度的了解还相对欠缺，公众参与司法审判的意识不强，真正了解人民陪审员制度的公众并不在多数。

选任机制的问题在司法实践中长期存在。为让更多的人民群众直接参与陪审活动，更好地感受司法、理解司法、支持司法、监督司法，2013 年 5 月，最高人民法院在认真总结 2004 年以来人民陪审员工作情况的基础上，部署各级人民法院实施人民陪审员“倍增计划”，确立两年内实现人民陪审员数量翻一番的基本目标，力争将全国法院人民陪审员数量增至 20 万人左右。各级人民法院按照最高人民法院的部署，积极开展人民陪审员选任工作，顺利完成了倍增要求，到 2014 年年底，全国人民陪审员共 20.95 万人，增加了 12.5 万人，增幅为 146.5%，有效缓解了基层法院人民陪审员不足问题。[②]但是人民陪审员广泛性仍不足。

---

① 参见北京市高级人民法院政治部教育培训处课题组：《关于北京法院人民陪审工作情况的调研报告》，载《法律适用》2012 年第 2 期。

② 数据来源：时任最高人民法院院长周强 2015 年 4 月在人民陪审员制度改革试点工作部署动员会上的讲话以及《最高人民法院关于人民陪审员制度改革试点情况的中期报告》。

（二）方案设计

为了贯彻党的十八届三中、四中全会关于人民陪审员制度改革的部署，进一步推进司法民主，完善人民陪审员制度，保障人民群众有序参与司法，提升人民陪审员制度的公信度，促进司法公正，2015年4月，最高人民法院、司法部联合发布《试点方案》。《试点方案》对选任机制进行了重新设计，完善了人民陪审员的选任条件和选任方式，力图解决改革前选任制度存在的代表性不足问题，增加了代表的广泛性。

1. 选任资格

改革前，依据《决定》中有关人民陪审员选任的规定，公民担任人民陪审员应当具备如下条件：拥护《宪法》；年满23周岁；品行良好、公道正派；身体健康。同时规定一般应当具有大学专科以上文化程度。除此之外，还作了禁止性规定，即下列人员不得担任人民陪审员：人民代表大会常务委员会的组成人员，人民法院、人民检察院、公安机关、国家安全机关、司法行政机关的工作人员和执业律师等人员；因犯罪受过刑事处罚的；被开除公职的。问题在于，学历要求过高，将低学历者排除在人民陪审员的选任范围之外，难以保证其代表的最广泛性，尤其是难以代表低学历群体的想法和要求。而年龄过低者，由于其社会经验的缺乏，难以保证其作出的决定符合社会普通大众的一般认识。司法是一种裁决性行为，对人民的权利、自由甚至生命具有举足轻重的影响。基于此，人民陪审员应当具备较为丰富的社会经验。对此，《试点方案》作出重大改变，选任人民陪审员的资格条件除须拥护《宪法》，品行良好、公道正派、身体健康外，将年龄由23周岁提高至28周岁，学历从大专以上降低到高中以上，并要求同时具有选举权和被选举权。

只要满足上述条件，原则上都具备成为人民陪审员的基本资格。

在学历要求方面，与2004年《决定》相比，《试点方案》作出了更加细化的规定，不但直接降低了人民陪审员的学历要求，即规定高中以上文化即可，还规定了农村地区和贫困偏远地区德高望重者不受学历限制。人民陪审员只要具备正常的读写和理解能力即可，高中以上文化程度完全能够符合这样的条件，况且大多数国家并未对陪审员的学历资格设置硬性标准，如英、美、德、法的立法只是要求掌握本国语言、具备正常沟通理解能力即可，日本对裁判员的限制也只是要求其完成义务教育即可。[①] 此举从来源上拓宽了人民陪审员的范围，使选任更具代表性，有利于充分保障司法民主。

在职业禁止方面，与《决定》相比，《实施办法》延续了此前的规定，将人民代表大会常务委员会组成人员，人民法院、人民检察院、公安机关、国家安全机关、司法行政机关的工作人员和执业律师，因犯罪受过刑事处罚的或者被开除公职的人员排除在选任范围之外。此外，《实施办法》还进一步扩大了禁止范围，排除了不能正确理解和表达意思的人员，基层法律服务工作者等从事法律服务工作的人员，被人民法院纳入失信被执行人名单的、因受惩戒被免除人民陪审员职务的人员。同时，还作了兜底性规定，即"因其他原因不适宜担任人民陪审员的人员"。关于禁止法律服务工作者担任人民陪审员，也是本次改革的一项重大突破，目的就是要避免与法官法律职业思维惯性的同一性，真正实现人民陪审员大众思维与法官职业思维的互补。

---

① 参见吴明童、段莉琼:《人民陪审制的理念与发展》，载《中国司法》2004年第8期。

2. 选任责任主体

《决定》规定，人民陪审员的初选，可以由其所在单位或者户籍所在地的基层组织向基层人民法院推荐，或者本人提出申请，由基层人民法院会同同级人民政府司法行政机关进行审查，并由基层人民法院院长提出人民陪审员人选，提请同级人民代表大会常务委员会任命。人民陪审员选任合一不利于提升选任工作的透明度。这种由被监督方来选任监督方的制度设计，违背了人民陪审员制度监督司法的初衷。为了弥补上述缺陷，《试点方案》除明确规定采用抽选方式选任人民陪审员外，还明确要求基层和中级人民法院会同同级司法行政机关对人民陪审员候选人进行资格审查，提请同级人大常委会任命。选任主体从法院向司法行政机关的转变，使法院只是参与选任而不是直接决定，有效保证了人民陪审员的代表性和独立性。其中，要求人民代表大会常务委员会在人民陪审员的选任过程中充分发挥其监督权和任免权，不仅仅是简单任免人民陪审员，更需要对法院的人员提名进行审查监督，由此制约法院及同级司法行政机关在选任过程中的审核工作，防止“暗箱操作”。

3. 选任程序

为了提升人民陪审员的广泛性和代表性，《试点方案》明确了以随机抽选方式选任人民陪审员。《实施办法》将改革方案进一步具体化，要求实行“三次随机”，即所有案件的陪审人员都需要经过三次随机抽选才能产生。第一次是人民法院每五年从符合条件的选民或者常住居民名单中，随机抽选本院法官员额数 5 倍以上的人员作为人民陪审员候选人，制作候选人名册，建立人民陪审员候选人信息库。第二次是人民法院会同同级司法行政机关对人民陪审员候选人进行资格审查，征求候选人意见，从审核通过的名单中随机抽选不低于本院法官员额数 3~5

倍的人员作为人民陪审员，提请同级人民代表大会常务委员会任命，并建立人民陪审员名册。第三次是人民法院审理案件需要人民陪审员参加时，开庭前，在人民陪审员名册中通过随机抽选方式确定参与案件审理的具体人民陪审员。

4. 人民陪审员人员结构

人民陪审员要广泛吸纳社会公众，其选任就应多顾及普通民众，把握好社会各层次公民的比例，增强代表性，所以应当保证人民陪审员的职业、年龄、民族、性别等因素的结构比例。《试点方案》规定，人民陪审员的选任应当注意吸收普通群众，兼顾社会各阶层人员的结构比例，注意吸收社会不同行业、不同职业、不同年龄、不同民族、不同性别的人员，实现人民陪审员的广泛性和代表性。此外，《实施办法》还规定了专业陪审，第 9 条第 2 款规定："人民法院可以根据人民陪审员专业背景情况，结合本院审理案件的主要类型，建立专业人民陪审员信息库。"

改革后的选任机制与改革前相比表现出了三个方面的不同：一是更加重视人民陪审员选任的随机性。改革前人民陪审员的选任是所在单位或户籍所在地的基层组织向人民法院推荐，或是本人自行提出申请。改革后的方案改变了推荐或申请模式，从符合条件的选民或者常住居民名单中随机抽选候选人，再从通过资格审查的候选人中随机抽选确定人选。二是更加重视人民陪审员选任的代表性。人民陪审员的人数大幅度增长，解决了改革前人民陪审员代表性不足的问题。按照改革要求，初步随机抽选的人民陪审员候选人数与本院法官员额数相比应在 5 倍以上，二次随机抽选的人民陪审员候选人数与本院法官员额数相比应在 3~5 倍，远超改革前人民法院选任人民陪审员人数。三是中级人民法院也需参与选任的工作。改革前，中级人民法院审理案件需要人民陪审员参与时，可从其辖区基层人民法院的人民陪审员中随机抽选。而根据《实施办法》的要求，中级和基层人民法院都可以选任人民陪审员。人民陪审员选任机制的上述变化虽然给选任工作带来了更大挑战，但这一举措无论是从选任的数量还是选任的方式上，都对人民陪审员的代表性、广泛性和独立性提供了更加坚实的制度保障。

（三）施行情况

和改革前相比，人民陪审员选任的广泛性和代表性得到了大幅提升。按照《试点方案》和《实施办法》的统一部署，50家试点法院严格落实“一升一降”（人民陪审员年龄从23周岁提升至28周岁，文化程度从大专以上降至高中以上）和“三次随机”（随机抽选人民陪审员候选人、随机抽选确定人民陪审员人选、随机抽取人民陪审员参与审理个案），均按要求如期完成人民陪审员选任工作。截至2017年4月底，试点法院人民陪审员总数达到15 383人，比改革前新增11 734人，为员额法官的4.3倍。在试点法院全部人民陪审员中，基层普通群众11 681人，占比达75%以上，高中学历4666人，占比30.3%，高中以下学历785人，占比5.1%，实现了人民陪审员结构年龄上升、学历下降，一大批通民情、知民意、接地气的普通群众被选任为人民陪审员。①

北京5家试点法院严格资格初审和复审，人民陪审员人数比改革试点前增长了279%，筛除执业律师、政府法制工作者、失信被执行人、有违法记录者等不符合条件人员60余人；群众

① 参见时任最高人民法院政治部主任徐家新2017年5月11日在人民陪审员制度改革试点工作会议上的讲话。

占比由21%增长至30%，高中以下学历的占比由3%增至20%。北京市门头沟区人民法院选任的人民陪审员男女比例为3∶5，突破学历要求的德高望重者32人，占总数的8%，涵盖了党政机关、人民团体、基层组织等多个单位和领域。江苏5家试点法院新选任人民陪审员1052人，总数达到1700人，超过员额法官的4倍，并将已形成或易形成法律职业思维的人排除在人民陪审员之外，有效避免“法官同质化”，其中盐城市中级人民法院在金融、专利、医疗、建设工程等专业领域，采取公民自荐、随机抽选方式产生专业人民陪审员50人，建立专业人民陪审员信息库，满足专业化需求和大众化要求。河南省安阳市中级人民法院创新五步方法，开展人民陪审员选任工作，对照选任基本条件，由公安机关对全市576万常住居民的年龄、犯罪记录等因素进行电脑筛查，从中按候选人数6倍随机抽选人民陪审员候选人导入人民陪审员基础数据库，再按候选人数3倍随机抽选人民陪审员候选人进行资格审查，最后由市人大常委会任命。广西壮族自治区上思县人民法院新选任的115名人民陪审员中，农村村民达到了87人。从上述数据来看，降低学历和提高选任年龄，采取随机抽选方式，保证了更多符合要求的普通群众参与到了陪审选任当中，陪审人员的性别、职业、民族都在一定程度上变得更加广泛。

2013年5月，最高人民法院提出两年内实现人民陪审员数量翻一番的“倍增计划”，黑龙江省法院提前半年完成了“倍增计划”。截至2014年年底，全省人民陪审员达到12 409人，超过基层人民法院法官总数的2倍，增幅为81.4%；2016年年底，全省人民陪审员总数达到13 126名。

2015年5月，黑龙江省鸡西市中级人民法院、鸡西市鸡冠区人民法院、齐齐哈尔市龙江县人民法院、大庆市让胡路区人民法院、绥化市绥棱县人民法院被确定为人民陪审员制度改革试点法院。试点工作开展以来，黑龙江省5家试点法院共新增补任命人民陪审员550人，并建立了人民陪审员信息库，试点法院人民陪审员总数达到1087人，数量均达到了试点法院法官员额数5倍。

改革试点以来，黑龙江省主要在三个方面开展选任工作：

一是选任途径。5家试点法院按照改革试点方案，综合案源分布、辖区面积及人口、司法需求等要素，合理分配选任比例，同时注重从年龄、性别、学历、行业及职业等方面，扩大人民陪审员的选任范围。既保证基层一线、社区居民等群体的比例，又保证能够选出一些经验丰富、热爱陪审、公道正派的人民陪审员参审。鸡西市鸡冠区人民法院为使人民陪审员在地域分布上保证均衡，从辖区每个派出所的常住居民登记簿中随机抽选100余人作为人民陪审员候选人。绥棱县人民法院考虑人民陪审员所在区域的均衡性和代表性，将70%的名额分配到7个社区，将30%的名额分配到9个乡镇，同时还单独抽取了听障教师、金融财会、医疗卫生等部分专业人才。龙江县人民法院抽选范围覆盖辖区5镇9乡，并坚持在人民陪审员队伍结构中，女性、少数民族、进城务工人员、社区居民和农村村民都要占一定比例，充分体现了人民陪审员来源的多元性和代表性。

二是选任机制。各试点法院以随机抽选为重点，建立随机抽选机制。在基层试点法院中，鸡西市鸡冠区人民法院两轮抽选采用了完全随机抽选方式，从10个派出所辖区内先行筛选出20万名符合年龄条件的人员，从中首轮随机抽选出1300人作为人民陪审员候选人，进行资格审查、调查走访和征求意见后，从候选人名单中再随机抽选出121人提请当地人大常委会任命为人民陪审员。绥棱县人民法院先在符合选任条件的辖区公民中首轮随机抽取候选人，再经走访调查，多方了解候选人的社会评价、声誉和诚信情况，审查其是否具备公民意识及社会责任感，按照“有热情、有时间、有能力、有声誉”的“四有”标准确定候选人范围，再进行二次随机抽选。龙江县人民法院考虑县域情况与行政区域情况不同的实际，在全县划块分片，采用先报名后随机抽取的选任方式，设立13个报名点接受群众自荐和单位推荐，根据报名的名单实施首轮随机抽选，在会同司法行政部门和公安机关对候选人进行资格审查、多方调查的基础上，再进行随机抽选，提交人大常委会任命。

三是选任主体。鸡西市中级人民法院在会同司法行政机关开展选任工作时，从顶层设计理念出发，进行了大胆的创新尝试。鸡西市司法局在鸡西市中级人民法院协助下，经公安机关从辖区内常住人口中首轮随机抽选了3600多名候选人，后再次随机抽选向法院提供338名候选人，经法院复核审查后提请当地人大常委会，最终有246名候选人经过法定程序被任命，成为鸡西市中级人民法院的首批人民陪审员。其中，70%为中级人民法院所在地区常住居民，30%为专业性人才，选任的人民陪审员的职业、年龄、性别、民族等结构及比例符合改革试点方案要求。改变了以往法院在人民陪审员的选任上唱独角戏的局面，形成了司法行政机关抽选及管理、人大常委会任命、法院使用的人民陪审工作新格局，构建了统筹协调、各司其职、各负其责、联动共进、相互监督、互为制约的选任新机制。

在改革试点前，中级人民法院并没有单独选任人民陪审员，而是从所辖基层人民法院人民陪审员中抽选。《实施办法》要求中级人民法院自行独立选任人民陪审员。这是一次重大改革，也是对人民陪审员制度的一次重大挑战。

以鸡西市中级人民法院的随机抽选情况为例。鸡西市中级人民法院从公安机关户政部门信息库中查询得知，鸡西市中级人民法院所在市区常住人口 33 万人，其中年龄在 28 周岁至 65 周岁（排除 66 周岁至 70 周岁人员主要考虑到抽选后可能无法满足一届五年的任职时间要求）的人口数为 216 271 人，在法院、公安、司法三机关工作人员共同监督见证下，第一轮在适龄人员 216 271 人中随机抽取了 3609 人作为首轮候选人。在此基础上，第二轮从 3609 名候选人中，再次随机抽选了 338 人成为二轮候选人。经过筛选甄别，第三轮从 338 人中再行随机抽选 246 人作为确定拟任人民陪审员人选（包括免职 5 人，增补 2 人，目前 243 名人民陪审员）。

在人员结构方面，通过随机选任，鸡西市中级人民法院选任出 243 名人民陪审员。在性别方面，男性 85 人，女性 158 人，女性占比 65%；在民族方面，汉族 240 人，少数民族 3 人；在年龄方面，28~40 周岁 98 人，41~50 周岁 120 人，51~60 周岁 21 人，61 周岁以上 4 人；在学历方面，研究生以上 15 人，大学 127 人，高中 9 人，其他 92 人；在政治面貌方面，中共党员 162 人，民主人士 2 人，群众 79 人，群众占比 32.5%；在职业方面，基层干部 35 人，人民团体成员 20 人，事业单位人员 24 人，专业技术人员 15 人，工商业人员 4 人，社区工作者 45 人，普通居民 100 人，一改以前 90% 的人民陪审员来自党政机关和企事业单位的弊病；在人员分布方面，城镇人口 243 人，地域分布在市区 8 个系统、6 个办事处、34 个社区，做到了每个办事处、每个社区都有人民陪审员，实现了辖区社区全覆盖，充分体现了人民陪审员来源的广泛性和代表性。

（四）实践创新

改革后，人民陪审员制度在人民陪审员资格、数量、职业、专业性和选任程序上，与改革之前相比得到了完善。试点法院不仅严格落实了《试点方案》的明确指引，还在此基础上不断地摸索创新，对人民陪审员资格条件、随机抽选方式，采用更好更合理的方式落实到位，试点改革工作进行顺利，人民陪审员制度选任机制也得到了更好的完善。总体而言，实践中的创新主要体现在以下三个方面：

一是完善人民陪审员选任条件。试点法院严格落实《试点方案》关于提高人民陪审员任职年龄、降低人民陪审员文化程度的要求，在农村地区和贫困偏远地区适当放宽学历要求，让一些学历不高但公道正派、德高望重的群众进入人民陪审员队伍。试点地区高中及以下学历的人民陪审员从改革前的18.3%增至38.5%，其中，广西壮族自治区崇左市中级人民法院高中及以下学历人民陪审员比例增长4倍。试点地区人民陪审员平均年龄45岁，新选任的人民陪审员均为28岁以上。通过提高任职年龄、降低学历条件，让更多的普通群众加入人民陪审员队伍，人民陪审员社会阅历丰富、熟悉社情民意的优势得到充分发挥。①

二是严格实行随机抽选。严把选任入口关，实现选任理念由“方便”“好用”向“广泛”“随机”转变。试点法院从辖区内常住居民或选民名单中随机抽选当地法院法官员额数5倍以上的人员作为人民陪审员候选人，再从审核通过的名单中随机抽选不低于法官员额数3~5倍的人员作为人民陪审员。普通群众

---

① 参见《最高人民法院关于人民陪审员制度改革试点情况的中期报告》。

在新增人民陪审员中的比例达到88%，比改革前提高了9%。同时，加大与公安、司法行政机关等部门的沟通协调力度，抓好海选、初选、审核、任命等关键环节，加强人民陪审员资格审查。[①]河南省安阳市人大常委会专门制定了《人民陪审员任命办法》，陕西省西安市雁塔区人民法院制定了《关于人民陪审员资格审查的实施办法》。北京、福建、广西、陕西等地试点法院组成督察组，邀请人大代表、政协委员、专家学者以及新闻媒体等全程见证抽选过程，确保选任程序公开公正。

三是探索分类抽选。试点法院根据人口数量、性别比例、地区特点、行业分布、民族结构、案件类型等因素，积极探索建立分类随机抽选机制，妥善解决人民陪审员分布不均、结构失衡、参审不便等问题。黑龙江省绥化市绥棱县人民法院、江苏省苏州市吴中区人民法院根据不同社区、乡镇的具体情况，分别确定相应的选任人员比例。陕西省高级人民法院联合省妇女联合 会出台意见，加强女性人民陪审员选任工作，新选任的女性人民陪审员占36.3%。河南省西峡县人民法院在偏远山区乡镇根据基层党组织推荐，吸收10名高中以下学历、公道正派、德高望重的人员担任人民陪审员。为提升人民陪审员在疑难复杂案件中的事实认定能力，部分试点法院还结合知识背景和从业经历，对具有建筑、会计、医疗、金融等专业知识的人民陪审员选任机制进行了积极探索。[②]

---

① 参见《最高人民法院关于人民陪审员制度改革试点情况的中期报告》。

② 参见《最高人民法院关于人民陪审员制度改革试点情况的中期报告》。

二、参审范围的探索实践

（一）改革背景

合理界定人民陪审员参审范围，是保障人民陪审员制度发挥其预设功能、作用的关键环节。但改革之前法律并没有明确规定人民陪审员参与审理的案件，仅作出一些原则性规定。2004年《决定》将两类案件纳入了人民陪审员参与案件审理的范围：一是社会影响较大的刑事、民事、行政一审案件；二是刑事案件被告人、民事案件原告或者被告、行政案件原告申请人民陪审员参加审理的一审案件。同时将二审案件、适用简易程序审理的一审案件及法律另有规定的案件排除在外。表面上看，参审范围规定很明确，但在实际操作中却比较模糊。一方面，第一类案件“社会影响较大”界定不明，存在较大的主观性，司法实践中缺乏界定“社会影响大小”的可操作性标准，较难把握。另一方面，第二类案件“当事人申请”缺少可操作性，当事人如何申请、法官是否具有告知义务、如何救济等问题都没有明确的标准。同时，受制于普通民众法律知识欠缺、人民陪审员作用有限等因素，当事人申请人民陪审员参审案件寥寥无几，该设置几乎形同虚设。2010年，为了进一步扩大人民陪审员参与审判活动的范围，最高人民法院出台《关于人民陪审员参加审判活动若干问题的规定》，由原先的两种案件类型变为四种案件类型以及两种申请类型。将“社会影响较大的案件”在原先的基础上细化为“涉及群体利益、涉及公共利益、人民群众广泛关注和其他社会影响较大的案件”。同时，在《关于进一步加强和推进人民陪审工作的若干意见》中明确，当事人申请人民陪审员参审的，法院应当安排人民陪审员参与案件审理。

然而，司法实践中，这一参审范围执行得不够好，出现了与立法本意背离的情况。这主要体现在如下几个方面：

一是盲目追求参审率，对案件是否符合参审范围考虑较少。有关数据显示，2013 年，全国各级人民法院组织人民陪审员参审案件 169.5 万件，占一审普通程序案件的 73.2%。[①] 到 2014 年年底，共参审案件 219.6 万件，占一审普通程序案件的 78.2%。[②] 有的法院人民陪审员参审案件率达到 90% 以上。事实上，社会影响较大的案件属于少数，大量的无争议案件不必适用人民陪审员制度。人民陪审员制度设立的初衷是借助人民群众的知识和朴素良知来弥补法官职业思维的不足，从而公正地进行审判。而这种追求参审率的做法，既增加了司法成本、浪费了社会资源，也有悖于人民陪审员制度的设计初衷。

二是当事人申请权适用率较低，未能发挥应有作用。当事人对人民陪审员制度认识不足，权利意识缺乏，并不清楚自己有申请人民陪审员参与审理案件的权利。有调查显示，11.6% 的律师和 6.5% 的当事人不相信人民陪审员参与有助于案件的公正审理；28.1% 的律师和 33.1% 的当事人不知道有申请权。[③] 主要原因就是人民群众对于人民陪审员制度认识程度不够，以及人民陪审员参审的案件较为宽泛，尚未发挥其功能作用。

---

① 参见 2014 年《最高人民法院工作报告》。

② 参见时任最高人民法院院长周强 2015 年 4 月 28 日在人民陪审员制度改革试点工作部署动员会上的讲话。

③ 李玉华、张思尧、杨亮：《中国特色陪审制度的新发展》，中国政法大学出版社 2014 年版，第 119 页。

（二）方案设计

2015 年 4 月，中央全面深化改革领导小组审议通过的《试点方案》要求各试点法院合理界定并适当扩大人民陪审员参审案件范围，充分发扬司法民主、提高司法公信力。首先明确了人民陪审员参与审理的两大类案件范围：一是涉及群体利益、社会公共利益的，人民群众广泛关注或者其他社会影响较大的第一审刑事、民事、行政案件，以及可能判处十年以上有期徒刑、无期徒刑的第一审刑事案件，原则上实行人民陪审制审理；二是第一审刑事案件被告人、民事案件当事人、行政案件原告申请由人民陪审员参加合议庭审判的，可以实行人民陪审员制度审理。2015 年 5 月，最高人民法院、司法部出台的《实施办法》在此基础上增加了涉及征地拆迁、环境保护、食品药品安全的重大案件。同时，对当事人的权利进行了完善：对于原则上适用人民陪审员制度审理的案件，当事人可以根据是否涉及个人隐私、商业秘密或者其他原因，申请不适用人民陪审员制度审理；对第一审案件，当事人有权申请适用人民陪审员制度审理。有关参审范围的不同规定详见表 4–1。

表 4–1　有关参审范围的不同规定

参审范围变化	具体规定		
	2004 年全国人大常委会《决定》	2010 年最高人民法院《关于人民陪审员参加审判活动若干问题的规定》	2015 年最高人民法院、司法部《实施办法》
法定	社会影响较大的刑事、民事、行政案件	涉及群体利益的；涉及公共利益的；人民群众广泛关注的；其他社会影响较大的第一审刑事、民事、行政案件	1. 涉及群体利益、社会公共利益、人民群众广泛关注或者其他社会影响较大的刑事、行政、民事案件； 2. 可能判处十年以上有期徒刑、无期徒刑的刑事案件； 3. 涉及征地拆迁、环境保护、食品药品安全的重大案件
申请	刑事案件被告人、民事案件原告或者被告、行政案件原告申请的案件	第一审刑事案件被告人、民事案件原告或者被告、行政案件原告申请的案件 人民法院征求当事人同意的，视为申请	第一审刑事案件被告人、民事案件当事人和行政案件原告申请的案件，经审查决定后应当适用
排除	适用简易程序审理的案件和法律另有规定的案件	适用简易程序审理的案件和法律另有规定的案件	1. 因涉及个人隐私、商业秘密或者其他原因，当事人申请不适用的，人民法院可以决定不适用； 2. 法律规定由法官独任审理或者由法官组成合议庭审理的案件

《试点方案》指出了参审范围的总体改革方向，《实施办法》

对《试点方案》中参审范围的改革要求进行落实和扩展，展现出三种变化：第一，除法律规定由法官独任审理或者由法官组成合议庭审理以外的第一审案件，均可以适用人民陪审员制度审理。这实际上已经将参审范围扩大到绝大多数的第一审案件，为法院扩大陪审员制度的适用提供了依据。第二，明确了“原则上”适用陪审员制度的案件范围。在申请适用规定没有改变的情况下，明确了三类“原则上”可以适用人民陪审员制度的案件。一是涉及群体利益、涉及社会公共利益、人民群众广泛关注或者其他社会影响较大的刑事、行政、民事案件。之前这类案件是由法院依职权适用，现在为强制适用。这类案件与人民群众之间的关系最为密切，实行陪审员制度能够充分体现司法民主，与陪审员制度目标相契合，应当在一定程度上强制适用。二是增加了“涉及征地拆迁、环境保护、食品药品安全的重大案件”，这是针对我国特殊的社会问题所作的规定，体现了我国国情，涉及征地拆迁、环境保护、食品药品安全的重大案件，涉及侵犯群众的权利，是我国较为集中的社会矛盾，应当由公众参与审判。三是考虑到大多数国家对于重大刑事案件均适用陪审员制度，我国结合实际国情增加了“可能判处十年以上有期徒刑、无期徒刑的刑事案件”。第三，赋予当事人申请排除适用权。在法定的陪审案件中，对于涉及个人隐私或者商业秘密的案件，当事人可以申请不适用人民陪审员制度。这种对当事人的赋权行为，是司法的一大进步。

从总体来看，《试点方案》以及《实施办法》对人民陪审员制度参审范围作出保留和增加。其中不仅对改革前存在的一些模糊问题作了更详细的规定，还借鉴国际上的一些普遍做法，根据我国的国情进行调整并运用到改革中，使得人民陪审员制度在参审范围上取得了突破，并且在试点改革中也不断完善。

（三）施行情况

全国50家试点法院结合《实施办法》合理界定并适当扩大人民陪审员的参审案件范围，对参审案件进行梳理，总结人民陪审员参审范围的合理性、适宜性、规律性，并在试点实践中进行了探索。截至2016年4月，50家试点法院人民陪审员共参审各类案件74 329件，占一审普通程序案件总数的73.2%，其中刑事案件10 002件，民事案件59 616件，行政案件4711件，其中约25%的参审案件以调解、撤诉结案，涉及群体利益、社会公共利益等社会影响较大的案件1707件。[①]

各试点法院除遵照《实施办法》的规定确定案件范围外，还结合自身工作实际和案件特点，进一步细化了参审范围。如陕西省宝鸡市岐山县人民法院与岐山县司法局联合制定的《人民陪审员制度改革试点工作实施方案》规定：涉及未满18周岁的未成年人犯罪刑事案件，可能判处十年以上有期徒刑的第一审刑事案件，涉及群体利益、涉及社会公共利益、人民群众广泛关注或其他社会影响较大的第一审刑事、民事、行政案件，涉及征地拆迁、环境保护、工程质量、劳动争议、医疗事故等民生类案件，原则上应由人民陪审员和法官共同组成合议庭进行审理。该法院试点参审范围的特点是将未满18周岁的未成年人犯罪刑事案件及工程质量、劳动争议、医疗事故等民生类案件列入人民陪审员参审范围。[②]江苏省盐城市中级人民法院在对人民陪审员参审案件范围的把握上，以“三项标准”为依据：事实方面存在较大争议的；有一定社会影响的，如重大刑事案

① 参见《最高人民法院关于人民陪审员制度改革试点情况的中期报告》。

② 参见贺红强、陈玺：《司法改革视阈下人民陪审员参审范围的改革与重塑》，载《山东科技大学学报》2017年第4期。

件等；具有重要指导意义的，如涉及群众生活的商标侵权案件等可以适用人民陪审员制度，充分发挥人民陪审员优势，避免陪审员制度的滥用。试点以来，盐城市中级人民法院人民陪审员参审案件90件，先后100余人次参审，案件类型全面涵盖一审民事、刑事、行政案件。山东省青岛市中级人民法院注重在民事、行政案件中广泛适用人民陪审员制度，将简单案件排除在参审范围外，人民陪审员共参审案件805件，其中民事案件363件、行政案件406件、刑事案件36件，参审率25.29%，避免盲目追求高参审率而使人民陪审员制度流于形式。

改革试点以来，黑龙江省法院注重对参审范围的探索。黑龙江省高级人民法院在制定《人民陪审员制度改革试点工作实施方案》时，从三个方面对人民陪审员参审范围进行了规定。一是规定了普通适用范围：属于《实施办法》第12条规定情形之一的第一审案件，原则上应当由人民陪审员和法官共同组成合议庭审理，试点法院根据审判实际可适当放宽陪审范围。明确了试点法院可依审判情况适当放宽范围，与《试点方案》原则上所有一审案件都可以适用人民陪审员制度的精神契合。二是规定了申请参审范围：第一审刑事案件被告人、民事案件当事人和行政案件原告有权申请人民陪审员参加合议庭审判；法院接到申请后，经审查决定适用人民陪审员制度审理案件的，应当组成有人民陪审员参加的合议庭进行审判。三是规定了申请参审程序：当事人申请人民陪审员参审的案件，应当在收到开庭传票之日起3日内向主审法官提交书面申请，审判长审查后决定由人民陪审员参审的案件，应于收到当事人申请书2日内向人民陪审员管理部门申请，人民陪审员管理部门应在24小时内从人民陪审员信息库中随机抽选，并于抽选后24小时内告知审判长，审判长应当在开庭7日前向选定的人民陪审员发出通知，同时向案件当事人发出通知。考虑到以往司法实践中当事人申请权形同虚设的问题，在规定中明确了当事人申请的权利及行使权利的程序等实际操作问题。

同时，黑龙江试点法院要求按照“三个明确”确定人民陪审员参审案件范围，即明确人民陪审员参审案件的基本范围，事实清楚、法律关系明确的案件，不再由人民陪审员参与审理；明确采用人民陪审制大合议庭审理案件的基本范围，侧重选择涉及群体利益、社会公共利益，人民群众广泛关注或者其他社会影响重大的刑事、民商事、行政案件，采用大合议庭陪审模式进行审理；明确有权申请适用人民陪审员制度的主体范围，规定第一审刑事案件被告人、未成年被告人的法定代理人、民商事案件当事人、行政案件原告和作为公益诉讼起诉人的检察机关均有权书面申请人民陪审员参与案件审理。

黑龙江省 5 家试点法院按照《试点方案》和黑龙江省高级人民法院的实施方案各自对参审范围再次进行了细化规定。如龙江县人民法院、大庆市让胡路区人民法院都将涉及妇女儿童权益保护的案件、劳动纠纷案件纳入原则上应当适用人民陪审员制度审理的案件范围。试点两年，5 家试点法院审结各类案件 10 169 件，其中人民陪审员参与审理案件 7423 件，参审率 73%，各家法院参审率普遍提升，其中龙江县人民法院参审率从 9.41% 上升至 58.05%，鸡西市中级人民法院从 0.99% 上升至 31.58%；在案件类型方面，参审刑事案件 1213 件，民事案件 5870 件，行政案件 336 件，分别占比 16.34%、79.08%、4.53%，覆盖了三大诉讼案件。鸡西市中级人民法院参审案件无发改、信访情况，取得了良好的法律及社会效果。

参审范围的确定需要考虑的因素很多，各家试点法院对参审范围的细化规定，考虑了人民陪审员制度和其他制度之间相互契合，为人民陪审员制度立法提供了宝贵经验。

（四）实践创新

在参审范围上的实践创新主要体现在以下三个方面：

一是参审案件范围更加清晰明确。改革前后陪审员制度的参审范围发生了较大变化。试点改革前，我国司法实践中对人民陪审员参审案件范围的规定较为模糊，哪些案件需要人民陪审员参与审理没有明确规定。这一定程度上导致了人民陪审员制度的滥用。此次试点对这一问题进行了完善，细分了需要人民陪审员参审的案件类型，并且得到了很好的落实。对涉及群体利益、社会公共利益的，人民群众广泛关注或者其他社会影响较大的第一审刑事、民事、行政案件，以及可能判处十年以上有期徒刑、无期徒刑的第一审刑事案件，应当由人民陪审员和法官共同组成合议庭审理；第一审刑事案件被告人、民事案件当事人、行政案件原告申请由人民陪审员参加合议庭审判的，可以组成由人民陪审员参加的合议庭进行审理。江苏、山东等地试点法院将争议较大、事实认定难度大的案件确定为适宜人民陪审员参审的案件类型，在审理涉及公共安全、医患纠纷、邻里纠纷等可能引起当事人较大争议的案件，以及土地、房屋行政管理等关系广大人民群众切身利益的行政诉讼案件时，由人民陪审员和法官组成合议庭进行审理，取得了很好的效果。

二是更加关注涉民生案件。将与民生关系密切的征地拆迁、食品药品安全和环境保护问题纳入陪审范围之内，既符合我国国情，又符合群众需要。随着经济发展，人民群众生活水平不断提升，权利意识也越来越强烈，人民群众也更多关注社会问题。在试点改革中，把征地拆迁这种利益碰撞案件放在大众的视野中去解决，使得政府很多工作面向人民群众透明化，人民群众也会更加积极地配合政府工作。

三是当事人权利保障更充分。申请人民陪审员参加审判是当事人的基本权利之一。与改革前相比，当事人在申请权得到了保障的同时也获得了否定适用的权利，使当事人的意愿得到了充分的尊重。这方面的改革，体现了司法为民的司法理念，对于保护当事人的个人隐私及商业秘密，让当事人更理解司法、尊重司法具有十分重要的意义。

三、参审机制的探索实践

（一）改革背景

新世纪十多年来，全国人大常委会和最高人民法院、司法部相继出台了一系列规范性文件来保障人民陪审员制度的实施，但制度的实际运行并没有达到所预设的效果。特别是因为参审机制不完善，人民陪审员制度在司法实践中存在难以解决的突出问题。比如，法律赋予人民陪审员认定案件事实和处理法律适用问题的双重职能，但在司法实践中人民陪审员可能并没有真正享受和行使这些权力，人民陪审员存在“任而不陪、陪而不审、审而不议、议而不决”“职业陪审”等现象。

上述问题严重影响和制约了陪审员制度功能的有效发挥。这些问题的出现，同人民陪审员审判职权的设置具有直接关系。人民陪审员不同于职业法官，在司法实践中，人民陪审员很难做到与审判员同职同权，要求对法律知之不多的人民陪审员参与法律适用问题的审理、裁判，往往导致人民陪审员不会、不敢、不愿发表意见。在这种情况下，有必要对人民陪审员和法官的职能进行科学的分工，重新配置人民陪审员的审判职权，这也是充分发挥陪审制度功能的客观需要和现实选择。让人民陪审员负责认定案件事实，可以将民众的日常情感带入司法活动，弥补职业法官的专业局限，有利于当事人理解和接受司法裁判结果，增进社会公众对司法的信心。因此，《试点方案》决定完善人民陪审员参审案件机制，改变人民陪审员“陪而不审、审而不议”等现象，合理确定每个人民陪审员每年参与审理案件的数量比例，防止“驻庭陪审、编外法官”等情形，保障人民陪审员参审权利和效果。

（二）方案设计

鉴于司法实践中人民陪审员参审案件存在“陪而不审”“审而不议”等问题，《试点方案》及《实施办法》从四个方面对人民陪审员制度的参审机制进行了改革，确保人民陪审员在参审案件中发挥主观能动性，在案件审理中起到实质性作用，实现参审实质化。

1. 均衡参审机制

实践中存在“任而不陪”和“专业人民陪审员”“驻庭人民陪审员”问题，人民陪审员之间参审案件不均衡。尤其是法院使用驻庭人民陪审员，虽然为案件审理工作带来便利，但失去了人民陪审员制度的核心意义，人民陪审员的真实意见无法体现在案件审理过程中。因此，必须在落实随机抽选机制的基础上，注重平衡每名人民陪审员参与案件审理的数量，不断提升人民陪审员参审质量。对此，《实施办法》规定，“人民法院应当结合本辖区实际情况，合理确定人民陪审员每人每年参与审理案件的数量上限，并向社会公告”。按照这一原则，各试点法院根据案件数量、类型、人民陪审员数量等，设定了人民陪审员参审案件的上限和下限，实现人民陪审员均衡参审，更加科学合理地提升人民陪审员的履职效能。

2. 事实审机制

《决定》第11条第1款规定："人民陪审员参加合议庭审判案件，对事实认定、法律适用独立行使表决权。"这条规定明确了人民陪审员的职权，即在审判活动中人民陪审员的职权与法官等同，既需要对案件事实进行审理，也需要对法律适用进行审理。审判工作是一项专业性很强的工作，由于人民陪审员缺乏法律专业知识，对法律的理解比不上职业法官，在适用法律时，会让人民陪审员力不从心，只能依附职业法官。为了解决这一问题，《试点方案》将人民陪审员的职责主要定位在案件事实的认定上，作出了"逐步探索实行人民陪审员不再审理法律适用问题，只参与审理事实认定问题，充分发挥人民陪审员富有社会阅历、了解社情民意的优势，提高人民法院裁判的社会认可度"的规定。在职权分配方面，《实施办法》改变以往"同职同权"的制度安排，将人民陪审员的主要职权限定在案件事实认定方面，规定：人民陪审员全程参与合议庭评议，并就案件事实认定问题独立发表意见并进行表决；人民陪审员可以对案件的法律适用问题发表意见，但不参与表决。这种制度安排有利于人民陪审员专注于其更为擅长且对裁判具有决定性影响的事实认定问题，充分发挥其在审判活动中的作用。

人民陪审员不再需要参与法律适用问题的裁决，只需对案件事实进行认定并负责。人民陪审员只需具备一般性常识，而不需要具备专门的法律知识，通过自己的良知作出合情、合理的评价和判断。这种职权设定，使得人民陪审员根据自己的社会认知、生活经验来判断，有更多独立思考的空间，在案件事实认定方面处于主导地位，极大增强了人民陪审员的裁判自信，有效防止了人民陪审员游离于参审案件之外。法官亦可借此修正自己的职业惯性思维，弥补自身对社会经验、社情民意了解不足的缺点。

3. 合议庭组成模式

《实施办法》第15条规定，人民陪审员在合议庭中的人数原则上应当在2人以上。虽然《实施办法》没有进一步规定合议庭的组成成员，但根据诉讼法规则，合议庭一般为3人。按照此规则，人民陪审员数量会多于法官数量，确保了人民陪审员的数量优势。一方面，人民陪审员在人数上的优势有利于实现人民陪审员对职业法官的有效制约，防止职业法官依据职业地位专断。另一方面，人数上的优势代表了更多的观点，有利于消除对人民陪审员的偏见，促使事实认定更加准确。①

此外，《试点方案》要求探索重大案件由3名以上人民陪审员参加合议庭机制，即积极实践大合议庭陪审模式。大合议庭模式由人民陪审员和法官共同对事实部分进行认定，再由法官基于认定的事实对法律适用问题作出裁决。我国合议庭表决采取少数服从多数原则，这一原则要求人民陪审员与法官的总数为奇数，同时仅由法官进行法律适用表决，由此法官的数量也应为奇数。为充分实现人民陪审员制度的司法民主价值，前述各试点法院采纳了人民陪审员数量多于法官数量的规定。从合议庭组成情况看，试点中合议庭模式包括1名法官+2名人民陪审员模式、1名法官+4名人民陪审员模式、3名法官+4名人民陪审员模式、3名法官+6名人民陪审员模式等，具体采用何

① 参见汤立伊:《我国人民陪审员参审机制的反思与进路》，载《行政与法》2017年第1期。

种模式，各试点法院可以根据案件的性质、社会影响力等因素决定。

由于适用大合议庭审理案件成本较高，大范围适用将给人民法院带来巨大压力。在试点实践中，大合议庭审理模式一般仅适用于“重大案件”。对于涉及群体利益、社会公共利益，人民群众广泛关注或者其他社会影响较大的刑事行政、民事案件，涉及征地拆迁、环境保护、食品药品安全的重大案件以及可能判处十年以上有期徒刑、无期徒刑的刑事案件，原则上都应适用大合议庭模式进行审理。

4. 参审职权保障

《试点方案》和《实施办法》除明确了人民陪审员参审范围、构建事实认定审判模式、组成大合议庭审理模式外，还从人民陪审员阅卷、调查、评议、表决、法官指示等方面进行了全面设计。

一是建立提前阅卷制度。在改革前，人民陪审员在被通知参加开庭后才到法庭参加庭审，对参与审理案件的情况缺乏了解，在庭审中往往保持沉默，不敢发问。职业法官在开庭前需要仔细阅卷，了解案情后才能根据证据情况发现疑点，而人民陪审员却没有这方面的要求，其结果必然会导致“陪而不审”现象。建立人民陪审员提前阅卷制度就是解决这一问题的有效途径。提前阅卷，可以帮助人民陪审员了解案件争议焦点，在庭审中就疑点和焦点问题进行询问、发问，最后根据查明的事实和证据提出具体意见。鉴于提前阅卷的重要性，《试点方案》规定：“人民法院应当在开庭前安排人民陪审员阅卷，为人民陪审员查阅案卷、参加审判活动提供便利。”虽然只是简单规定了人民陪审员的庭前阅卷制度，但其中蕴含了两层意思：第一，人民陪审员享有庭前阅卷的权利和义务，法院应当充分保障人民陪审员的阅卷权利，人民陪审员也应当依法履行庭前阅卷义务，充分发挥参审作用；第二，安排人民陪审员庭前阅卷是法院的义务，所以法院在开庭前“应当”安排人民陪审员阅卷。这一规定，不但解决了人民陪审员无法阅卷的问题，还明确了法院的责任义务，防止法院对人民陪审员庭前阅卷工作不够重视，也防止了人民陪审员以各种理由拒绝参加庭前阅卷。

二是确立法官指示制度。法官指示是职业法官引导人民陪审员准确认定事实，作出公正裁判的重要保障。法官指示的内容不仅包括程序和实体两个方面的内容，还包括对人民陪审员权利职责与义务的说明以及证据规则适用。[①]我国有关法律在这方面较少作出规定，仅在《最高人民法院关于人民陪审员参加审判活动若干问题的规定》中有所涉及，但规定较为简单。该规定第 8 条要求：“合议庭评议案件时，先由承办法官介绍案件涉及的相关法律、审查判断证据的有关规则，后由人民陪审员及合议庭其他成员充分发表意见，审判长最后发表意见并总结合议庭意见。”该条仅规定了在合议庭评议案件时法官的指示义务，内容也仅包括案件涉及的相关法律及证据规则，对案件审理程序、事实认定的有关问题均未提及。为解决上述问题，《试点方案》进行了更为详细的规定，即“审判长应将案件事实争议焦点告知人民陪审员，引导人民陪审员围绕案件事实认定问题发表意见，并对与事实认定有关的证据资格、证据证明力、诉讼程序等问题及注意事项进行必要的说明，但不得妨碍人民陪审员对案件事实的独立判断”。《实施办法》对如何指示进行了进一步明确，要求以书面形式列出案件事实问题清单。建立法官指示制度，目的就是帮助人民陪审员更加全面和准确地认

① 参见汤立伊：《我国人民陪审员参审机制的反思与进路》，载《行政与法》2017 年第 1 期。

定案件事实，这一制度的确立对保障人民陪审员正确履职具有十分重要的作用。

三是坚持及时合议原则。庭审的连续性和合议的及时性对于案件的公正裁判而言意义重大。世界各国对参审案件审理的及时性大多作出了明确要求。《实施办法》第 20 条也明确规定："适用人民陪审制审理案件的，庭审完毕后，审判长应当及时组织合议庭评议案件。"这种规定弥补了人民陪审员参审案件时间长聚集难、记忆力弱化、与本职工作冲突等问题，为人民陪审员充分履职提供了制度保障。

四是合理设计评议规则。合理的评议规则是确保人民陪审员发挥实质性作用的决定性因素。《试点方案》和《实施办法》对陪审制度评议规则作出了较为详细的规定。首先，确定了人民陪审员优先发言规则，即合议庭评议案件时，一般先由人民陪审员发表意见。这种做法保证了人民陪审员参审案件的独立性，能够有效解决"审而不议"问题。若法官先于人民陪审员发表意见，会导致人民陪审员出于不自信或畏于法官地位或专业权威，不敢发表不同的意见。其次，确立了合议笔录和裁判文书签名确认制度。最后，确立了评议分歧解决制度。不同的人对不同的问题会有不同认识，合议庭评议案件也会出现分歧。如果无法解决这一问题，最终将导致合议的形式化、走过场，使人民陪审员制度最终成为白纸空话。因此，《实施办法》第 23 条第 3 款明确规定："人民陪审员和法官共同对案件事实认定负责，如果意见分歧，应当按多数人意见对案件事实作出认定，但是少数人意见应当写入笔录。如果法官与人民陪审员多数意见存在重大分歧，且认为人民陪审员多数意见对事实的认定违反了证据规则，可能导致适用法律错误或者造成错案的，可以将案件提交院长决定是否由审判委员会讨论。提交审判委员会讨论决定的案件，审判委员会的决定理由应当在裁判文书中写明。”这一规定，不但保障了人民陪审员参审的独立性，防止了“议而不决”现象，同时保证了案件的质量，防止冤错案件的发生。

（三）施行情况

试点改革以来，试点法院合理确定参审范围，设置参审案件上限，尝试适用大合议庭审理模式，探索事实审和法律审相分离，细化参审工作流程，逐渐从原有的注重参审案件“数量”转变为关注参审案件“质量”，人民陪审员“驻庭陪审”“陪而不审”“审而不议”的问题得到了有效控制，参审质量和参审效果有所提升，开始向“以司法民主促进司法公正”的本质要求方向转变。

在均衡参审方面，北京试点法院根据受案量和法官人数等情况进行科学测算，规定人民陪审员每年参审案件的数量上限，2016 年人均参审审结案件 9.5 件；江苏试点法院规定了参审的基数，设定个性化参审权重，推动人民陪审员积极参审，其中盐城市中级人民法院规定年度参审不超过 5 件，无锡市梁溪区人民法院设定年度上限为 30 件；陕西省西安市雁塔区人民法院不但设定了年度参审案件数量上限，还规定了最低标准，如果人民陪审员年度内未达到最低标准，则会被按照要求提请免职，试点两年内共免职 13 人，在避免出现“陪审专业户”问题的同时杜绝了人民陪审员无故不参审情况。从试点情况来看，均衡参审改革取得了不错的成绩，充分调动了人民陪审员的积极性。

在事实参审方面，试点法院均逐步实现人民陪审员不再审理法律适用问题，只参与审理事实认定问题。50 家试点法院采用事实清单方式共审理案件 3374 件。北京、河北、河南、黑龙江等地试点法院均制定了参审规则，细化事实审和法律审分离的操作规程。①

江苏试点法院通过“三条路径”实现了“两审区分”，制定了《人民陪审员参审暂行规定》，实现了事实问题和法律问题区分的重大突破：

一是以规范要件为核心，界定事实问题与法律问题的区分标准。首先，找准刑事、民事和行政案件的共性特点，明确从规范要件出发的区分标准，将法律规范要件的寻找、解释和应用工作交给法官，将要件事实中需要查明的事项交给人民陪审员。其次，针对不同类型案件的特点，规定类型化、精细化的区分标准。最后，尊重事实问题与法律问题交错交织的审判客观规律，将着眼点放在法官与人民陪审员职权范围的界定上，而不拘泥于事实调查和法庭辩论两个阶段的机械划分。

二是以问题清单为线索，实现事实问题与法律问题区分的可操作性。要求法官制作问题清单，列明要交给人民陪审员回答的事实问题，并在庭前准备、庭审和评议等各个环节给予人民陪审员明确清晰的指引。问题清单的内容包括基本问题、事实争点问题和综合问题三个部分。基本问题是指案件的相关构成要件是否成立或满足；事实争点问题是指影响各项构成要件成立与否的、有待查明和判断的争议事实；综合问题是指在解决上述基本问题和事实争点问题的基础上，询问人民陪审员被告人是否有罪、原告的诉讼请求是否成立或部分成立。

三是以评议规则为程序保障，保证事实问题与法律问题区分的实践效果。明确评议表决顺序，由人民陪审员先发言，再由合议庭主审法官、组成法官、审判长依次发言。表决时，人

① 参见《最高人民法院关于人民陪审员制度改革试点情况的中期报告》。

民陪审员和法官逐项对问题清单发表意见。通过规范评议程序，保证评议的实质化。

重庆市梁平区人民法院以参审履职要求为主线，制定了《人民陪审员参与案件审理指导规范》，细化人民陪审员参审履职行为，推行“三项措施”实现事实审和法律审实质分离：

一是采取事实认定“两单制”。为确保庭审过程不走过场，解决“陪而不审”的问题，借鉴要素审判法的基本思维逻辑，以案件审理时间为主线，对庭前阅卷、法庭调查、合议庭评议等参审行为进行规范和细化，推行“七何要素”（何时间、何地点、何人物、何行为、何事件、何后果、何责任）事实认定方法，并由人民陪审员按照参审进度填制《参审案件事实认定清单》，以参审行为的系统化、过程化、客观化提升事实认定能力。承办法官随案填制《案件审理清单》，不仅为案件审理提供思维方向，更为引导人民陪审员准确认定事实提供参考指导。改革试点以来，人民陪审员参审案件1756件、2821人次，填制《参审案件事实认定清单》2719份，填制率96.38%；承办法官填制《案件审理清单》1756份，填制率100%。

二是实行庭审评议“两段制”。按照事实审和法律审实质分离的改革要求，将庭审评议分为事实认定阶段和法律适用阶段。事实认定阶段以人民陪审员姓名拼音字母为序发言，围绕参审案件的事实认定问题、证据采信问题独立发表意见，并以少数服从多数原则进行表决认定，赋予人民陪审员对事实认定的决断权。法律适用阶段，承办法官在事实认定基础上提出法律适用意见，仅征求人民陪审员意见，不进行表决，评议过程由书记员完整记入笔录。改革试点以来，人民陪审员参审案件事实认定观点全部采纳的有80.54%、部分采纳的有18.66%、未被采纳的有0.8%，发表法律适用建议的有65.73%（被法官全部采纳的有56.42%、部分采纳的有8.81%、未被采纳的有0.5%)、未发表法律适用建议的有34.27%，庭审评议规范率达92.52%，有效破解“审而不议”的问题。

三是推行相互监督“两表制”。为有效强化人民陪审员和承办法官在履职过程中的相互监督，按照“每案一评、双向互评”的办法，推行结案前由承办法官填制《人民陪审员履职评价表》(包括庭前阅卷、庭审调查、庭审行为、庭审评议、廉洁陪审等)、人民陪审员填制《法官履职评价表》并归入业绩档案的做法，强化履职监督，促进共同提高。改革试点以来，人民陪审员庭前阅卷率97.87%、准时到庭参审率96.63%、参审行为规范率88.59%、庭审行为规范率90.07%。

在参审模式方面，对于涉及征地拆迁、环境保护、食品药品安全、公共利益、公共安全等与社会公众关系较为密切、影响较为直接的案件，以及涉及伦理、风俗、行业惯例等社会关注度较高的案件，试点法院践行由3名以上人民陪审员和法官组成5人以上大合议庭的审理机制。试点工作开展以来，试点法院共采用大合议庭陪审机制审理重大敏感案件1624件，提升了裁判的社会认同度。北京试点法院改革以来采用大合议庭审理案件398件，其中采用七人合议庭模式审理案件232件。江苏5家试点法院采用大合议庭审理案件597件，并采用大合议庭模式审理了全国具有重大影响的“德州扑克涉赌案”等一批典型案件。西安市雁塔区人民法院适用6名人民陪审员和3名审判员组成大合议庭审理了一起涉及原告80余人的出租车所有权、经营权纠纷民事案件，取得了良好的法律效果。

河南省郑州市中原区人民法院重点实行大合议庭陪审机制，具有以下特点：

一是明确大合议庭陪审案件范围。制定《关于适用大合议庭陪审制审理案件若干问题的规定》，对于敏感性强、关注度高、矛盾冲突大但不属于疑难复杂案件的，可适用由 3 名法官和 4 名人民陪审员组成的“3+4”模式，采用这种模式审理案件占比在 80% 以上；对于敏感性强、关注度高、矛盾冲突大而且疑难复杂的重大案件，可适用 3 名法官和 6 名人民陪审员组成的“3+6”模式，效果也不错，但工作量大、成本较高，只适用于少数案件。

二是完善大合议庭陪审制审理程序，重点是解决权责分工问题。强化人民陪审员庭前准备，在开庭三日前，召开由法官和人民陪审员共同参加的庭前会议，由主审法官简要介绍案情，对案件涉及的基本证据规则、举证责任分配等问题进行释明，再由人民陪审员阅卷，人民陪审员阅卷的比例上升至 97.2%；制作案件事实问题清单，合议庭审判员在庭前证据交换的基础上设计事实问题清单，对争议事实节点逐项列举，由人民陪审员在庭审时参照、认证，以形成科学的认证逻辑，避免随意感性认证；鼓励人民陪审员庭审中积极发问，人民陪审员向当事人发问的比例上升至 83.1%。

三是规范案件分段评议程序。合议庭评议分为事实认定评议和法律适用评议。在事实认定评议中，由人民陪审员按照事实问题清单依次发表意见，人民陪审员独立发表意见的比例上升至 85.6%。在法律适用评议阶段，人民陪审员可以发表意见，也可以不发表意见，但不参与表决。在事实认定评议中，如果法官与人民陪审员多数意见存在重大分歧，法官认为人民陪审员多数意见对事实的认定违反了证据规则和法律规定，可能导致适用法律错误的，可以建议提交专业法官会议进行讨论，讨论意见可以供合议庭二次合议时参考；如果合议庭仍然存在重大分歧，审判长可以提请院长决定是否提交审判委员会讨论。

如果人民陪审员在事实认定评议中未形成多数意见，则由3名法官就事实问题进行评议并形成多数意见，参与事实认定评议表决。

黑龙江省在参审模式上进行了如下几方面的探索实践：

一是实行事实审的参审模式。黑龙江试点法院根据受理案件情况，把人民陪审员只参与事实审和大合议庭审理模式相结合开展探索实践。试点工作开展以来，各试点法院按照改革试点方案新要求，在传统的“1+2”（1名法官+2名人民陪审员）模式外，着重在“3+4”和“3+6”等大合议庭模式上进行了只参与事实审的可行性和效能性探索，共审理案件15件。

探索大合议庭审理模式。黑龙江省高级人民法院对改革试点法院大合议庭组成模式作出了原则性规定，明确了采用陪审员制度大合议庭审理的第一审重大刑事、民商事、行政案件，合议庭原则上应由7人组成，法官人数为奇数，人民陪审员人数为偶数，且人民陪审员人数一般应多于法官人数。鸡西市鸡冠区人民法院在符合条件的刑事、民商事和行政案件中尽可能地采用大合议庭审理案件，多以7人以上组成合议庭模式为主进行审理。在一起保险合同纠纷案件中，因待证事实问题多，当事人争议大，社会关注度较高，该院采用9人大合议庭审理，固定了双方争议事实焦点问题，为裁判客观公正奠定了坚实的基础。大庆市让胡路区人民法院在审理一起按照一审程序重审、在当地有较大影响且涉及消费者权益的买卖合同案件中，鉴于双方当事人主张事实截然相反、举证能力相当，采用了“3+4”的7人合议庭模式，为充分查明案件事实发挥了积极作用。

探索实质参审模式。首先，建立事实审规则。鸡西市鸡冠区人民法院率先在案件审理中探索了人民陪审员只参与案件事实认定的模式并制定了该院人民陪审员参与审判工作操作规程。

在庭审前，召开庭前会议，法官和人民陪审员对案件需要查明的事实进行讨论，归纳整理事实问题调查提纲。在庭审中，人民陪审员在审判长的引导下，先针对当事人主张的事实进行发问，再根据社会阅历和认识能力对证据进行分析和判断，最后内心衡量确认事实。而对于事实之外的诸如案件性质、当事人权利义务的裁判处理等应属“法律审”的部分则交由法官来行使法律适用权利，确保人民陪审员在事实认定上与法官专业法律思维形成互补。鸡西市中级人民法院、大庆市让胡路区人民法院、绥棱县人民法院和龙江县人民法院在各自实践中，对保障人民陪审员只参与事实审的相关参审权利制定了相应工作规则。黑龙江省高级人民法院综合各试点法院的做法和实践经验，制定了《黑龙江省人民陪审员制度改革试点法院人民陪审员参审工作规范（试行）》，健全了“事实审”参审机制。其次，以制度保证事实审落实。黑龙江省高级人民法院对人民陪审员的参审通知程序、庭前阅卷、庭前合议、制作待证事实清单和保障发问权利等方面均进行了逐一规范，进一步保障了人民陪审员参审权利。以绥棱县人民法院审理的一起多人共同犯罪的诈骗案件为例，主审法官组织人民陪审员集中阅卷、庭前合议、提供法律索引、进行解释答疑、共同梳理待证案情、归纳待证事实争议焦点并制作待证事实清单。在庭审法庭调查阶段，审判长先请人民陪审员围绕案件待证事实进行发问，再组织法官进行庭审调查。庭审时，人民陪审员还就其认为需要再调查的事实问题进行了补充发问，便于其精准地认定案件事实。

二是探索符合事实审的评议机制。试点法院在实践中探索形成了符合事实审改革要求的合议庭评议和分歧解决机制，在评议范围、表决程序、合议笔录等方面制定了操作规则，人民陪审员在合议庭评议中的相应权利得到了保障。在大庆市让胡路区人民法院审理的一起刑事案件的合议庭评议中，审判长先请人民陪审员对事实认定发表意见，人民陪审员依据阅卷、庭审发问、法庭调查等情况，认为公诉机关对被告人共同犯罪的指控依据的犯罪事实不成立，该认定意见被如实记入合议笔录，法官采纳了人民陪审员意见，判决未支持公诉机关此项指控，并将此部分事实认定写入裁判文书。宣判后，公诉机关未提出抗诉。对于人民陪审员与法官意见不一致的情形，大庆市让胡路区人民法院还探索了“一票提请权”评议模式。在一起交通肇事案件的评议中，人民陪审员在认定被告人是否存在肇事后逃逸的事实时与主审法官意见不同，依据“一票提请权”将该案件提交审判委员会讨论决定，并列席了审判委员会，审判委员会经讨论同意了人民陪审员的意见。黑龙江省高级人民法院综合试点法院的实践经验，对人民陪审员参审案件评议时间、事实评议范围、案件评议规则，以及出现重大分歧意见时，法官、人民陪审员提请审判委员会讨论的程序等方面进行了详细规定。尤其是对出现事实与法律适用竞合的情形如何操作进行了明确，即需要以法律适用为前提，对事实认定作出判断的，规定由法官向人民陪审员就相关法律适用问题进行解释说明，人民陪审员仍不能作出判断的，由审判长根据案情对事实问题与法律适用问题界定后，再交由人民陪审员对案件事实问题加以判断。初步形成了统一的具有可操作性的做法，构建了人民陪审员从参审到评议的配套机制。

三是保证均衡参审。通过信息化手段保障参审，组织研发了全省法院人民陪审员综合信息管理系统软件，各试点法院通过利用信息化平台和数据建立了人民陪审员参审数据库，坚持随机抽选人民陪审员参审，避免了“驻庭陪审”“编外法官”等现象。通过制度保障参审，各试点法院均设立了人民陪审员参审案件上限和下限，4家试点基层法院分别规定了每名人民陪审员每年参审案件的上限为20件或30件，下限为3件。同时，各试点法院为避免随机抽选的人民陪审员因特殊情况无法按时到庭参审，建立了“双倍预通知”“微短信提示”“人民陪审员应急库”等制度。

各试点法院在工作推进过程中，注重政治效果、法律效果和社会效果的有机统一，利用人民陪审员通民情、知民意、善于做群众工作的特点，充分发挥其在涉及农村土地纠纷、群体性案件和在当地有较大影响的一审刑事、民商事、行政案件等社会广泛关注的重大案件中的重要作用，扩大参审范围，发扬司法民主，有效化解社会矛盾，切实提高了热点案件裁判的司法公信力。例如，黑龙江省鸡西市鸡冠区人民法院审理的一起土地权属纠纷案件，涉及人数众多，仅立案就出席50余人，矛盾尖锐、社会影响大。该院抽选了村民认可度高的人民陪审员参审此案。为妥善化解矛盾，人民陪审员与法官先后十余次到有关部门了解情况，现场踏勘丈量土地，到当事人家中讲解法律规定，取得了各方当事人的信任，最终使争议双方达成了和解协议，29户84名当事人对案件处理结果十分满意。又如，大庆市让胡路区人民法院受理的某高中学生人身损害赔偿一案，家长反响强烈、社会关注度高。参审的人民陪审员据此提出了“凡是能解开的结，就不要用刀割断”的调解理念，多次到孩子家中做思想工作，晓之以理、动之以情，最终促成学生家长之间达成调解协议，使棘手案件得到了圆满解决。

（四）实践创新

从试点法院实践情况来看，各地对参审机制都进行了卓有成效的探索实践。参审机制的完善，有效解决了“陪而不审、审而不议”问题，增强了人民陪审员制度的实效性，强化了民众对司法的监督制约，提高了裁判结果的公正性，实现了法律效果与社会效果的有机统一。

参审机制的实践创新主要体现在以下三个方面：

一是参审案件数量的配比更加均衡。改革前，人民陪审员参审案件数量很多，但是参审的人民陪审员却很少，人民陪审员参审的案件数量不均衡。试点法院在探索实践中找到了更为可行的方法。首先，对于人民陪审员数量、案件数量及地域情况进行综合考虑，设计出随机抽选机制。其次，根据案件数量和人民陪审员数量，设置人民陪审员参审案件数量的上限和下限。最后，除去参审数达到限额的人民陪审员以及无法履职的人民陪审员，参审较少的人民陪审员优先随机抽选，形成最终参与案件审理的人民陪审员名单。这样的探索创新，更加科学合理地均衡了人民陪审员参审案件的数量，避免了参审案件畸多或畸少的情形。

二是实现了事实审与法律审的区分。各地通过人民陪审员参审职权改革，逐步形成了人民陪审员不再审理法律适用问题，只参与审理事实认定问题的新模式。事实问题和法律问题在司法实践中往往相互交织、难以区分。各试点法院通过采用事实清单、问题列表等方式，对这一难点问题进行了突破。区分事实认定和法律适用，有助于发挥人民陪审员熟悉社情民意、长于事实认定的优势。同时，通过优化合议庭组成模式，实行大合议庭审理重大案件，细致列举问题清单，加强法官指引，确保了人民陪审员参审的实效性，实现了人民陪审员制度从“注重便利”向“注重本质”的转型升级。

三是强化了参审职权的保障。与改革前相比，人民陪审员在阅卷、调查、提问、评议和表决等方面的权利得到了全面保障。比如，人民陪审员提前阅卷机制的建立，有助于人民陪审员在参审前初步了解案件；评议表决规则的完善，有助于人民陪审员在评议案件时充分表达参审意见，避免受到法官的影响，提升参审的实效性；等等。通过在实践层面探索优化参审机制，使人民陪审员的参审权利和参审效果得到了制度保障，实现了司法专业化判断与社会公众朴素认知的有机统一，对保障人民群众对审判工作的知情权、参与权、监督权具有重要意义。

四、履职保障机制的探索实践

（一）改革背景

履职保障机制对于人民陪审员的履职规范性和积极性具有重要意义。在改革试点前，关于人民陪审员管理和保障的规定散见于最高人民法院出台的司法解释和规范性文件之中。2004年，最高人民法院、司法部印发了《关于人民陪审员选任、培训、考核工作的实施意见》。其中，涉及人民陪审员履职保障的内容如下：人民陪审员参加人民法院的审判活动前必须经过培训；基层人民法院根据本院审判工作实际情况制定培训计划；对人民陪审员培训的内容应包括法律基础知识、审判工作基本规则、审判职业道德和审判纪律等；基层人民法院在征求同级司法行政机关意见后制定人民陪审员执行职务的考核办法；考核内容主要包括工作业绩、思想品德、工作态度、审判纪律和审判作风等。在上述实施意见的基础上，2005年最高人民法院出台了《关于人民陪审员管理办法（试行）》，就人民陪审员的培训方式、培训内容、培训职责分工及考核方式、考核内容等问题进行了详细规定。2010年，最高人民法院下发了《关于进一步加强和推进人民陪审工作的若干意见》，对人民陪审员的日常管理和培训考核工作提出了新的要求，强化了培训考核、管理保障等方面的区域统筹和分级实施。

在人民陪审员的经费保障方面，最高人民法院和财政部于2005年联合下发了《关于人民陪审员经费管理有关问题的通知》，对无固定收入的人民陪审员按其实际参加审判活动和培训活动的工作日，参照当地职工上年度平均货币工资水平计算补助。对于交通补助，由当地按照不让人民陪审员增加个人负担也不因此获利的原则进行补助。在人民陪审员所在单位的履职保障责任方面，2005年《最高人民法院关于人民陪审员管理办法（试行）》第40条规定："有工作单位的人民陪审员因参加培训、审判活动，被所在单位克扣或者变相克扣工资、奖金及其他福利待遇的，基层人民法院应及时向其所在单位，或所在单位的主管部门，或所在单位的上级部门提出纠正意见。"

从总体上看，在人民陪审员制度改革试点前，最高人民法院就会同相关部门出台了一系列涉及人民陪审员履职保障方面的规定，在提升人民陪审员的履职规范性和积极性上起到了一定的作用。然而，这些履职保障方面的规定较为零散，在执行力和可操作性上尚有提升空间。科学合理、体系完善、可操作性强的履职保障机制仍待在实践中探索和发展。

（二）方案设计

1. 管理主体

由于改革尚在探索阶段，《试点方案》尚未突破以往的管理模式，人民陪审员的选任、培训、考核和奖惩等管理工作，仍由人民法院会同同级司法行政机关负责。

2. 退出机制

《实施办法》第26条详细规定了人民陪审员应当退出参审活动的五种情形："（一）因年龄、疾病、职业、生活等原因难以履行陪审职责，向人民法院申请辞去人民陪审员职务的；（二）被依法剥夺选举权和被选举权的；（三）因犯罪受到刑事处罚、被开除公职或者被纳入失信被执行人名单的；（四）担任本办法第三条所列职务的；（五）其他不宜担任人民陪审员的情形。"以上五种情形，所在法院会同司法行政机关查证属实后，提请同级人民代表大会常务委员会免去其人民陪审员职务。这一规定为法院及时清除不合格的人民陪审员提供了依据。除规定人民陪审员退出参审活动的条件外，《实施办法》还规定了相应的程序："人民法院应当将免职决定通知被免职者本人，将免职名单抄送同级司法行政机关，并逐级报高级人民法院备案，同时向社会公告。相关司法行政机关应当将免职名单逐级报省级司法行政机关备案。"

3. 惩戒机制

为防止人民陪审员无故拒绝参加案件审理，督促其履行参审义务，实践方案设计了有效的惩戒制度。《实施办法》第27条具体规定了七种惩戒事由：在资格审查中提供虚假材料的；一年内拒绝履行陪审职责达三次的；泄露国家秘密和审判工作秘密的；利用陪审职务便利索取或者收受贿赂的；充当诉讼掮客，为当事人介绍律师和评估、鉴定等中介机构的；滥用职权、徇私舞弊的；有其他损害陪审公信或司法公正行为的。除了免职外，还可以采取在辖区范围内公开通报、纳入个人诚信系统不良记录等措施进行惩戒，构成犯罪的，还要依法追究刑事责任。

4. 履职保障制度

一是建立人民陪审员宣誓制度，制定人民陪审员权利义务清单，增强人民陪审员的责任心和使命感。二是改进培训内容、形式和考核方式，充分调动人民陪审员履职积极性，提高履职实效性。三是人民陪审员履职所需经费纳入法院和行政机关的财政预算，人民陪审员所在单位不得因人民陪审员履行陪审职责而对其实施解雇以及减少工资或薪酬待遇等不利措施，如出现此类情况，由法院会同司法行政机关向其所在单位或所在单位的上级主管部门提出纠正意见。四是强化人身保护措施，法院和司法行政机关应采取有效措施保护人民陪审员的个人信息和财产安全、人身安全。

（三）施行情况

试点改革后，人民陪审员制度的履职保障机制得到了很好的完善，并且在试点改革实践中取得了显著效果。

在改革培训机制方面，最高人民法院多次就改革人民陪审员培训机制、落实培训经费、改进培训形式和培训内容、提升培训的针对性和实效性等问题进行研究部署，并举办人民陪审员示范培训班。通过编写《人民陪审员履职读本》[①]，有效推动了人民陪审员教育培训工作深入开展。各试点法院积极转变培训理念，合理设置培训课程，更加侧重对人民陪审员权利义务、审判程序、证据认定、司法礼仪与行为规范等内容的培训，帮助人民陪审员提升履职能力。在试点期间，各试点法院对人民陪审员岗前培训达 1 万人次，日常培训达 1.2 万人次。[②]

① 徐家新主编、最高人民法院政治部编著：《人民陪审员履职读本》，人民法院出版社 2016 年版。

② 参见《最高人民法院关于人民陪审员制度改革试点情况的中期报告》。

在加强经费保障方面，各试点法院会同司法行政机关积极协调财政部门，认真落实人民陪审员经费保障规定。绝大多数试点法院落实了人民陪审员工作经费“统一管理、专款专用”的规定，将人民陪审员工作经费列入人民法院业务经费予以保障，并提高经费标准。60% 的试点法院采用按件补贴、40% 的试点法院采用按次补贴的方式，为人民陪审员发放陪审补助。广西壮族自治区上思县人民法院为人民陪审员购买意外伤害保险，山东省青岛市中级人民法院、江苏省盐城市中级人民法院就严格保护人民陪审员个人隐私以及人身财产安全作出规定。①

在加强信息化建设方面，最高人民法院研发了全国统一的人民陪审员信息管理系统，推进人民陪审员管理网络化、规范化、简便化。江苏省南京市鼓楼区人民法院、重庆市梁平县人民法院开发了人民陪审员手机应用程序，人民陪审员可凭个人密码登录人民陪审员网络平台，查看法院同步扫描的参审案件电子卷宗。江苏、山东等试点法院还采取远程阅卷、电子签章等方式，为人民陪审员参审提供便利。②

在健全退出和惩戒等机制方面，各试点法院均严格落实退出和惩戒机制，明确人民陪审员退出情形和程序，对人民陪审员无正当理由拒绝履行职责等行为进行相应惩戒。北京试点法院有 35 名人民陪审员依法被免职。河南省安阳市中级人民法院对人民陪审员一年内拒绝履行陪审职责达 3 次或存在有损陪审公信等行为的，除按程序免除人民陪审员职务外，还要在辖区范围内公开通报。福建省厦门市海沧区人民法院对拒绝履职的人民陪审员进行相应惩戒，依法免除 6 名人民陪审员职务，并对 24 名优秀人民陪审员进行表彰，提升了人民陪审员的职业尊

① 参见《最高人民法院关于人民陪审员制度改革试点情况的中期报告》。
② 参见《最高人民法院关于人民陪审员制度改革试点情况的中期报告》。

荣感。

在人民陪审员履职保障探索中，黑龙江省在如下三个方面进行了较有成效的实践：

一是探索创新自主管理机制。各试点法院以大庆市让胡路区人民法院自主管理方式为模板，均成立了人民陪审员自主管理委员会，形成了具有黑龙江省特色的人民陪审员自主管理模式。大庆市让胡路区人民法院人民陪审员自主管理委员会推行“自主管理、自我约束、自我发展”的管理理念，从全体人民陪审员中选出有时间、热情高、能力强的人民陪审员担任主任及委员。委员会整章建制45项，全面涵盖了日常管理工作，设立网站专栏、QQ群和微信群，安排业务学习，监督和讲评人民陪审员的仪容仪表和言行举止，对违规或出现其他不当行为的人民陪审员，及时提出劝诫。鸡西市鸡冠区人民法院坚持“以人为本”思想，将人民陪审员自律型自我管理与法院服务型人文管理相结合。该院人民陪审员自主管理委员会每月确定两名轮值委员，维护委员会日常运转。绥棱县人民法院的人民陪审员自主管理委员会通过回放庭审录像、到庭旁听等方式，随时随机抽检人民陪审员参审履职情况，并就人民陪审员参审表现和司法礼仪通过微信群进行点评，增强了人民陪审员履职的自律性。该委员会在管理工作中，还注重培养人民陪审员的凝聚力和社会责任感，组织开展人民陪审员到社区、村镇宣讲法律，以普通公民志愿者身份参与社会矛盾纠纷化解，为特困家庭当事人捐款捐物，帮助弱势群体等公益活动。龙江县人民法院人民陪审员自主管理委员会按照法院辖区范围和人民陪审员居住地分布情况，在乡镇社区设立联络点，分块包片，利用电话、互联网和微信等媒介形成了法院、委员会、联络小组和人民陪审员的四级联络系统，依托该网络进行便捷高效的日常管理。

二是探索完善保障管理机制。首先，通过信息化手段保障参审。黑龙江省高级人民法院组织研发了人民陪审员综合信息管理系统软件，各试点法院通过利用信息化平台和数据建立了人民陪审员参审数据库，并坚持随机抽选参审的人民陪审员，避免了“驻庭陪审”“编外法官”等现象。绥棱县人民法院在保证均衡参审的同时，还在人民陪审员信息管理系统中进行除权设置，即“除权报备”操作。当人民陪审员因职业原因或其他合理原因无法正常参加庭审时，在除权期间不再对其进行抽选，避免人民陪审员因工作和生活与参审职责之间发生时间冲突。其次，通过制度保障参审。各试点法院为避免随机抽取的人民陪审员因特殊情况无法按时到庭参审，建立了“双倍预通知”“微短信提示”“人民陪审员应急库”等不同制度。如绥棱县人民法院依托随机抽取机制和诉讼中的送达程序建立的“双倍预通知”制度，在有效保障庭审正常进行上发挥了极大的作用，基本解决了因人民陪审员不按时到庭造成的庭审延迟或改期、重复送达的问题，保证了参审质效，节约了法院司法资源。最后，通过自主管理保障参审。在参审管理上，各试点法院的人民陪审员自主管理委员会基本都设有随机抽取人民陪审员参审、工作通知、监督指导、评价规范、业绩评估等工作职能。如大庆市让胡路区人民法院运用主审法官和人民陪审员之间“背靠背”双向考核的方式和自主管理委员会与法庭“点对点”监控，切实保障人民陪审员参审质量，破解人民陪审员“陪而不审，审而不议”难题。该法院还建立了一人一档的人民陪审员工作信息档案，以“一案一评”表和裁判文书为依据审核发放人民陪审员的补助费，并将上述工作内容形成档案材料作为年度人民陪审员业绩评估、奖励表彰或劝诫整改的依据。

三是探索保障激励和惩戒退出机制。首先，多措并举保障人民陪审员履职。在经费保障上，各试点法院均保证及时足额发放人民陪审员参审补助费用，并不断争取财政支持提高补助标准。如大庆市让胡路区人民法院将人民陪审员参审补助由每案 100 元增加至 120 元。在履职待遇上，各试点法院为人民陪审员制作标识通行证，使人民陪审员在履职时免安检进入工作区。大庆市让胡路区人民法院、鸡西市鸡冠区人民法院还为人民陪审员办理了一卡通，凭证享受免费工作餐，享有图书馆阅览权、干警健身房使用权，并设立人民陪审员履职办公场所，添置办公设备和用品。在尊荣感激励上，各试点法院在年终考核时选出优秀人民陪审员进行表彰，颁发证书、奖杯等。绥棱县人民法院对于履职表现优秀的人民陪审员除落实上述措施外，还开展了“致人民陪审员单位的一封感谢信”活动，由法院领导送至人民陪审员所在单位、社区或村委会，通报人民陪审员履职工作情况。如鸡西市鸡冠区人民法院采取的向优秀人民陪审员所在单位发送嘉奖建议函、大庆市让胡路区人民法院院长签发院长嘉奖令等做法，都极大地激发了人民陪审员的履职尊荣感，提升了参与陪审工作的积极性。其次，严格管理规范人民陪审员履职行为。各试点法院均会同人民陪审员自主管理委员会制定了相关的惩戒和退出机制，对人民陪审员履职行为进行监督。如果人民陪审员一年内拒绝履行陪审职责达 3 次，管理人员将在管理软件中冻结其抽选资格，或采取在辖区范围内公开通报、建议纳入个人诚信系统不良记录等措施进行惩戒。以大庆市让胡路区人民法院为例，该院依托自主管理机制建立了惩戒和退出机制，人民陪审员自主管理委员会发现人民陪审员对履职敷衍了事、违法违规或出现不宜继续履职等情形时，将及时对其提出劝诫或建议法院提请人大常委会将其免职。试点过程中，因人民陪审员违反制度规定，该委员会进行诫勉谈话或提出警告的有23人次，有27名人民陪审员或因3次不履行参审职责，或因被纳入了失信系统等情形被自主管理委员会劝退或提请免职。

（四）实践创新

经过三年多的实践探索，各试点法院在健全人民陪审员保障机制方面取得了显著成效，充分调动了人民陪审员的履职积极性。在实践中，各地法院探索完善了人民陪审员退出和惩戒机制，明确了人民陪审员的权利和义务，促进了履职规范化的提升。在管理模式的创新方面，各地探索出法院管理和人民陪审员自主管理的新模式，有的试点法院成立了人民陪审员自主管理委员会，实现了自我管理、自我约束、自我发展、自我服务。为了提升陪审工作管理水平，各地不断加强信息化建设，人民陪审员信息库、随机抽选、履职信息、业绩评价等方面的管理系统得到开发和运用。在补助保障方面，各地法院摒弃了仅对无固定收入的人民陪审员进行补助的原则，通过争取地方财政部门的支持，将参加审判获得的补助定性为劳务收入，对有固定收入的人民陪审员也给予相应的补助。在安全保障方面，强化了对人民陪审员个人信息、人身安全、住所安全及近亲属安全的保护力度，消除了人民陪审员履职的后顾之忧。

2017年4月，全国人大常委会决定将人民陪审员制度改革试点期限延长一年。2018年4月，人民陪审员制度改革试点工作顺利完成。总体而言，在以习近平同志为核心的党中央坚强领导下，经过各方面的共同努力，各地的改革试点工作取得了显著成效，为新时代人民陪审员制度的发展奠定了坚实的实践基础。通过实践探索，新时代人民陪审员制度在选任机制、适用范围机制、合议庭组成机制、评议表决机制及履职保障机制等方面得到了进一步的优化，探索出很多卓有成效的实践成果，为《人民陪审员法》的出台积累了有益经验，逐步形成了符合我国国情、独具我国特色的人民陪审员制度体系。

第五章
陪审制度的专门法律

《人民陪审员法》的出台，标志着新时代人民陪审员制度的正式形成，为中国特色人民陪审员制度体系搭建了基本法律框架。

一、专门法律的出台及意义

（一）专门法的出台

在全面总结全国人大常委会《决定》施行十几年以来的实践经验和党的十八届三中、四中全会以来的试点成果基础上，最高人民法院经过深入调查研究、广泛听取意见，草拟了《人民陪审员法（草案）》，并于2017年12月提交第十二届全国人大常委会第三十一次会议进行第一次审议。经过广泛征求各方意见，2018年4月27日，第十三届全国人大常委会第二次会议审议通过了《人民陪审员法》，并于公布之日起施行。

（二）专门法的意义

作为我国第一部关于人民陪审员制度的单行法律，《人民陪审员法》的出台是党领导人民治理国家、深化全面依法治国实践的重要举措，是中国特色社会主义法治建设的重大进步，体现了以人民为中心的发展思想，对于保障公民民主权利、推进司法民主建设具有里程碑意义，标志着我国人民陪审员制度进入了一个新的发展阶段。

第一，《人民陪审员法》的出台有利于扩大司法领域的人民民主，在司法审判中更好地体现人民当家作主。我国《宪法》第2条第3款明确规定："人民依照法律规定，通过各种途径和形式，管理国家事务，管理经济和文化事业，管理社会事务。"党的十九大报告强调："要体现人民意志、保障人民权益、激发人民创造活力，用制度体系保证人民当家作主。"人民陪审员制度是社会主义民主政治的重要内容，也是社会主义民主制度在司法领域的重要体现。通过与法官共同审理案件，人民群众能够更直接地了解司法、参与司法、监督司法，使司法真正成为人民利益的保卫者和守护者。然而，长期以来，由于法律规范、管理制度及保障机制尚不完善，人民陪审员"陪而不审、审而不议"等现象较为突出，人民陪审员广泛性和代表性不能得到充分保障。这在一定程度上制约了社会主义民主法治优越性的发挥，人民群众参与司法的积极性和实效性不高。《人民陪审员法》的出台，及时回应了社会主义民主政治对新时代人民陪审员制度的关切期待。通过从法律层面明确人民陪审员的各项权利，从实践层面破解制约人民陪审员发挥作用的各种难题，《人民陪审员法》为人民陪审员积极、有序参与审判提供了坚强法律保障，对于扩大司法领域的人民民主，切实保障人民群众对于审判工作的知情权、参与权、表达权、监督权具有重要意义。

第二，《人民陪审员法》的出台有利于在司法公开中促进司法公正、提升司法公信。陪审制度彰显着一个国家的司法文明程度。作为中国特色社会主义司法制度的重要组成部分，人民陪审员制度对于弘扬司法民主、促进司法公开、保障司法公正、增强司法公信具有重要意义。《人民陪审员法》坚持人民陪审员的广泛性和代表性，强调充分发挥人民陪审员的参审作用，对人民陪审员的选任程序、参审范围、履职保障等各方面进行了全方位的优化。《人民陪审员法》的出台搭建了人民法院与人民群众的沟通桥梁，形成了法官和人民陪审员的优势互补，实现了司法专业化判断与群众正义感认知的有机统一，有利于完善中国特色社会主义司法制度，让人民群众在每一个司法案件中感受到公平正义。

第三，《人民陪审员法》的出台有利于健全中国特色社会主义法律体系，为世界陪审制度的发展贡献中国方案。习近平总书记强调："推进科学立法、民主立法，是提高立法质量的根本途径。科学立法的核心在于尊重和体现客观规律，民主立法的核心在于为了人民、依靠人民。要完善科学立法、民主立法机制，创新公众参与立法方式，广泛听取各方面意见和建议。"[①] 长期以来，涉及人民陪审员制度的法律规范主要规定于诉讼法和法院组织法之中，起具体指导作用的法律只有全国人大常委会 2004 年审议通过的《决定》，其已不能完全满足新形势的需求。《人民陪审员法》是在人民陪审员制度三年改革试点、广泛征求各方意见、充分汲取探索实践成果、反复推敲论证的基础上制定的。其中，关于人民陪审员的选任方式、参审范围、职责权限、履职保障等诸多内容充分尊重司法发展规律，立足国情民意，全面融合了中央的顶层设计和地方的探索经验，彰显了以人民为中心的立法思想，是新时代科学立法、民主立法的典范。《人民陪审员法》的出台进一步完善了中国特色社会主义司法制度，

① 习近平：《关于〈中共中央关于全面推进依法治国若干重大问题的决定〉的说明》，载《人民日报》2014 年 10 月 29 日，第 2 版。

为世界陪审制度的发展贡献了中国智慧和中国方案。

二、专门法的主要内容及优势

（一）专门法的主要内容

在充分吸收人民陪审员制度司法实践经验和改革试点有益成果的基础上，我国人民陪审员制度形成了具有中国特色、符合本国国情的制度体系。《人民陪审员法》从法律层面将行之有效的实践成果固定下来，搭建了中国特色人民陪审员制度的体系框架。总体而言，新时代人民陪审员制度体系主要有人民陪审员选任、适用范围、合议庭组成、评议表决及履职保障五方面内容。

人民陪审员的选任主要由选任条件和选任程序两方面构成。为了在增强人民陪审员广泛性和代表性与保障人民陪审员的品行素质和参审能力之间找到平衡，《人民陪审员法》进一步改革了选任条件和选任程序。在选任条件方面，人民陪审员的年龄从原来的23岁提升到28岁，学历要求从原来的大学专科以上改为高中以上。放宽学历要求使更大范围的群众有机会参加审判活动，而提升年龄有利于充分发挥群众在社会经验、生活阅历方面的优势，提升参审质量。在选任程序上，主要以随机抽选方式产生人民陪审员，以组织推荐和个人申请为辅。从流程上看，人民陪审员的选任需要经过两次随机抽选：第一次是从辖区内的常住居民名单中随机抽选人民陪审员候选人；第二次是从通过资格审查的候选人中随机抽选确定人民陪审员。随机抽选的方式有利于保证选任的公平性，提升选任工作的公信度。

考虑到部分地方采用随机抽选方式仍存在困难和设立专家陪审员的争议较大等问题，组织推荐和个人申请的方式仍然被保留，从而保障选任机制能够在全国范围内有效运行。

人民陪审员制度的适用范围、评议表决规则与合议庭的组成机制密切相关。依照《人民陪审员法》的规定，人民陪审员参加案件审判时合议庭有两种组成方式：三人合议庭和七人合议庭。三人合议庭主要适用于涉及群体利益和公共利益的、人民群众广泛关注或者社会影响较大的、案情复杂或有其他情形需要由人民陪审员参加审判的一审刑事、民事、行政案件。七人合议庭主要适用于可能判处十年以上有期徒刑、无期徒刑、死刑的社会影响重大的刑事案件，根据《民事诉讼法》《行政诉讼法》提起公益诉讼的案件，涉及征地拆迁、生态环境保护、食品药品安全的社会影响重大的案件以及其他社会影响重大的案件。为了人民陪审员充分参与审判活动，发挥参审效能，审判长应当履行与案件相关的指引、提示义务，但不能妨碍人民陪审员独立判断案件；在合议庭评议案件时，审判长应当对案件涉及的事实认定、法律规定和证据规则等方面需要注意的问题，向人民陪审员作出必要的解释和说明。评议表决规则也因合议庭的不同而有所差异：对于三人合议庭的参审案件，人民陪审员对事实认定和法律适用问题都可以独立发表意见，行使表决权；对于七人合议庭的参审案件，人民陪审员只对事实认定问题独立发表意见并行使表决权，对法律适用问题仅发表意见不参与表决。在评议案件时，实行少数服从多数原则，对人民陪审员与其他合议庭成员的意见分歧必须写入笔录。当合议庭组成人员意见存在重大分歧时，人民陪审员和法官都可以要求合议庭将案件提请院长决定是否提交审判委员会讨论决定。

为了确保人民陪审员能够充分、依法、高效履职，《人民陪审员法》对履职保障问题作出了原则性规定。人民陪审员的履职保障主要涵盖培训、管理和经费保障等方面。由于人民陪审员大多没有法律背景，为了充分履行职责，需要其加强对人民陪审员权利义务的认识，深化对诉讼程序、证据规则的理解，掌握参与审判的司法礼仪和庭审技能。为实现这一目标，帮助人民陪审员在庭审前做好准备工作，需要对其进行有计划的培训。在履职保护方面，《人民陪审员法》强调对人民陪审员的人身、住所及近亲属的保护，任何报复陷害、侮辱诽谤、暴力侵害等不法行为都会被依法追究法律责任。出于充分调动人民陪审员参审积极性的考虑，对于在审判活动中表现突出的人民陪审员，会给予表彰和奖励。同时，为保证人民陪审员依法履职，对于人民陪审员无正当理由拒绝履行参审义务、违反法律法规造成错误裁判或严重后果的情形，会通过公开通报等方式进行惩戒；构成犯罪的还会被依法追究刑事责任。在经费保障方面，人民陪审员在参加审判活动期间，所在单位不得克扣或者变相克扣其工资、奖金及其他福利待遇；人民法院需要按规定依照人民陪审员的实际工作日给予补助，因参加审判活动而支出的交通、就餐等费用同样要依法进行补助，为人民陪审员履职提供充分物质保障。

（二）专门法的主要优势

新时代人民陪审员制度实现了理论探索和实践运用的有机统一，有利于充分发挥人民陪审员在审判工作中的实质性作用，让更广泛的民意融入人民群众关注度高、社会影响重大的案件，通过打通人民陪审员充分参与审判活动的道路阻塞，使司法民主有效地灌注于陪审制度的各个环节，进而促进司法公正、保障司法廉洁、提升司法公信。

总体而言，《人民陪审员法》的优势主要体现在以下三个方面：

第一，新时代人民陪审员制度有利于人民陪审员更广泛地参与到司法审判之中，最大限度地保障司法民主。从陪审制度的起源和现代发展上看，人民参与审判最重要的制度价值之一就在于保护司法民主，有效搭建起群众与司法之间的桥梁。具体而言，陪审员制度的政治功能体现了民众对司法的直接参与，实现了民众政治意愿的表达。通过对人民陪审员参审的各项权利予以保障，使得其参与司法、处理案件的职能得到发挥。新时代人民陪审员制度通过提升年龄、降低学历要求放宽了选任入口，增强了人民陪审员的广泛性和代表性。在选任方式上，严格实行选用分离机制，由司法行政机关负责完成人民陪审员的两次随机抽选，确保了选任工作的随机性和公正性，有效提升了司法民主的透明度和公信度。

第二，新时代人民陪审员制度有利于人民陪审员更深入地参与到司法审判之中，有效维护司法公正。为了提升参审质效，《人民陪审员法》在扩大参审范围的基础上，规定了两种审判组织模式，并分别设置了评议表决机制。在三人合议庭模式下，人民陪审员可以参与审理涉及公共利益、群众广泛关注、社会影响较大及案情复杂的第一审刑事、民事、行政案件，并对事实认定和法律适用问题独立发表意见、行使表决权。在七人合议庭模式下，人民陪审员可以参与审理可能判处十年以上有期徒刑、无期徒刑、死刑的社会影响重大的刑事案件，公益诉讼案件，涉及征地拆迁、生态环境保护、食品药品安全的社会影响重大的案件，并对法律适用问题发表意见，对事实认定问题独立发表意见、行使表决权。这种制度设计能够更好地发挥人民陪审员熟悉社情民意，长于事实认定的优势，使司法裁判在严格贯彻执行法律的前提下更合乎情理、反映民意。《人民陪审员法》还特别强调审判长对人民陪审员的指引、提示义务，有效解决了人民陪审员“陪而不审、审而不议”的问题。

第三，新时代人民陪审员制度有利于调动人民陪审员参与司法审判的积极性。《人民陪审员法》通过完善履职保障机制，全面提升了人民陪审员的履职保障水平，有效调动了广大陪审员的参审积极性。履职保障主要体现在五个方面：一是有计划地开展培训工作。通过开展培训，可以加强人民陪审员对参审权利义务的认识，深化对法律程序、诉讼规则的理解，掌握参与审判的司法礼仪和庭审技能，有效行使审判权。二是设置了奖惩。在审判工作中有显著成绩或突出事迹的人民陪审员，会受到表彰和奖励；在审判活动中无正当理由不履行职责、徇私舞弊造成错误裁判的人民陪审员会受到惩戒。三是明确了人民陪审员所在单位的保障责任。在人民陪审员履行参审职责期间，所在单位不得克扣或者变相克扣其工资、奖金及其他福利待遇。对于违反此项规定的，基层人民法院会及时向人民陪审员所在单位或者所在单位的主管部门、上级部门提出纠正意见。四是规范了人民陪审员的参审补助。先前，我国仅对没有固定收入的人民陪审员给予补助。《人民陪审员法》不再区分有无固定收入，对参与审判的人民陪审员均给予一定补助，有效调动了人民陪审员的参审积极性。五是强化了对人民陪审员人身安全和住所安全的保护。为了防止案件当事人对人民陪审员及其近亲属打击报复，消除人民陪审员的履职顾虑，《人民陪审员法》强化了对人民陪审员的履职安全保障，对报复陷害、侮辱诽谤、暴力侵害人民陪审员的行为严格追究法律责任，为人民陪审员提供了安全的履职环境。由是观之，《人民陪审员法》科学处理了依法参审和履职保障的基本关系，在科学管理的基础上，全面加强了对人民陪审员的服务保障，对于提升人民陪审员的参审积极性，确保人民陪审员制度高效有序运行，具有重要的意义。

三、专门法的运行机制

《人民陪审员法》具有鲜明的时代性和先进性。其运行机理表现在建立了五大机制。

（一）陪审员选任机制

选任机制是人民陪审员制度运行的起点，是其他机制得以发挥作用的前提和基础。选任机制解决的是人民陪审员从哪里选和如何选的问题。为了提高选任工作的透明度和公信度，提升人民陪审员的广泛性和代表性，新时代人民陪审员制度进一步完善了人民陪审员的选任条件，优化了选任方式。《人民陪审员法》对人民陪审员的选任机关、选任对象、选任方式作出了明确规定，首次确立了司法行政机关选任、人大常委会任命、法院使用的工作机制。为贯彻实施《人民陪审员法》，正确履行人民陪审员选任职责，司法部会同最高人民法院、公安部共同制定了《人民陪审员选任办法》，对人民陪审员的选任机关、选任范围、选任方式等作出了更加具体的规定。总体而言，新时代人民陪审员选任机制坚持依法民主、公开公正、协同高效的原则，着眼于建设一支代表广泛、群众基础扎实的高素质人民陪审员队伍，确保选任工作的透明性、公正性和可操作性。

依照《人民陪审员法》和《人民陪审员选任办法》的规定，人民陪审员的选任机制主要包括确定人民陪审员名额数量、发布选任人民陪审员公告、随机抽选或通过个人申请和组织推荐产生人民陪审员候选人、对候选人进行资格审查、随机抽选确定人民陪审员人选、提请人大常委会任命人民陪审员、社会公告和宣誓就职等程序。

从选任机制流程上看，基层人民法院根据审判案件的需要以及本辖区人口数量、地域面积、民族状况等因素，并结合上级人民法院随机抽取人民陪审员的需要，提出不低于本院法官数 3 倍的人民陪审员名额数的意见，报上一级人民法院审核后，提请同级人民代表大会常务委员会确定。在确定人民陪审员名额数后，基层人民法院应当将人民陪审员名额数及时通报同级司法行政机关。基层人民法院应当会同司法行政机关分别确定随机抽选以及需要通过个人申请和组织推荐的拟任命人民陪审员数。在确定人民陪审员名额数后，司法行政机关需要会同基层人民法院和公安机关向社会发布选任人民陪审员公告，内容包括选任名额、选任条件、选任程序等有关事项，公告期为 30 日。需要通过个人申请和组织推荐方式产生人民陪审员的，还应当在公告中明确申请和推荐期限。在完成公告程序后，司法行政机关需要会同基层人民法院、公安机关，从辖区内年满 28 周岁的常住居民名单中，随机抽选拟任命人民陪审员数 5 倍以上的人员作为人民陪审员候选人。

通过第一次随机抽选确定人民陪审员候选人或通过个人申请和组织推荐产生人民陪审员候选人后，司法行政机关应当会同基层人民法院、公安机关，对上述人民陪审员候选人进行资格审查。按照《人民陪审员法》第 5 条的规定，公民担任人民陪审员需要具备五个方面的条件：拥护《宪法》；年满 28 周岁；遵纪守法、品行良好、公道正派；具有正常履行职责的身体条件；具有高中以上文化程度。为保证人民群众参与司法的广泛性，防止特定身份或履行特定职务的人员产生职责冲突和价值冲突，《人民陪审员法》排除了特定职业工作人员担任人民陪审员的可能性。主要包括人民代表大会常务委员会的组成人员，监察委员会、人民法院、人民检察院、公安机关、国家安全机关、司法行政机关的工作人员；律师、公证员、仲裁员、基层法律服务工作者；其他因职务原因不适宜担任人民陪审员的人员。同时，为了打造群众基础扎实的高素质人民陪审员队伍，《人民陪审员法》禁止下列人员担任人民陪审员：受过刑事处罚的；被开除公职的；被吊销律师、公证员执业证书的；被纳入失信被执行人名单的；因受惩戒被免除人民陪审员职务的；其他有严重违法违纪行为，可能影响司法公信的。为解决“驻庭陪审”“陪审专业户”等问题，人民陪审员的任期被严格限定为5年，且在一般情况下不得连任。当资格审查时发现存在超出任期或连任问题的，也会被排除在人民陪审员名单之外。完成资格审查后，司法行政机关应当会同基层人民法院、公安机关向符合选任条件的人民陪审员候选人告知人民陪审员的权利义务，并征求其对担任人民陪审员的意见。

在确定人民陪审员候选人名单后，选任机制进入到人民陪审员的确定和职务任命阶段。为了确定人民陪审员拟任命人选，司法行政机关需要会同基层人民法院，从通过资格审查的人民陪审员候选人名单中进行第二次随机抽选。需要注意的是，通过个人申请和组织推荐产生的人民陪审员，不得超过所在基层人民法院人民陪审员名额数的1/5。拟任命人民陪审员名单应当向社会进行不少于5个工作日的公示。经公示后确定的人民陪审员人选，由基层人民法院院长提请同级人民代表大会常务委员会任命。通过任命后，人民陪审员名单应当向社会公告；对于个人申请和组织推荐产生的人民陪审员，人民法院应当会同司法行政机关及时将任命决定通知人民陪审员本人及其所在组织。当人民陪审员缺额数超过基层人民法院人民陪审员名额数 1/10，或者因审判工作需要时，可以适时增补人民陪审员。为简化增补程序、提升增补效率，增补人民陪审员人选仅从通过资格审查的人民陪审员候选人名单中随机抽选确定，而不必重新组织两次随机抽选。人民陪审员经人民代表大会常务委员会任命后，应当公开进行就职宣誓，选任程序也随之结束。

（二）适用范围机制

人民陪审员参审案件的范围对于民众参与司法审判的实效性具有至关重要的作用。科学而合理地界定人民陪审员参审案件的范围是发挥人民陪审员制度功能的关键。如果将人民陪审员参审案件的范围设定得过宽，必然会增加大量的司法成本，降低司法效率，浪费社会公共资源；如果将参审案件范围设定得过窄，人民陪审员制度促进司法公正、提升司法公信的制度目的也无法实现。在全面总结改革试点经验的基础上，新时代人民陪审员制度形成了较为科学合理的适用范围机制。总体而言，适用人民陪审员制度的案件主要分为法定适用和申请适用两种模式（见表 5-1）。在法定适用模式下，当事人原则上不得排除人民陪审员制度的适用；在申请适用模式下，当事人有选择是否适用人民陪审员制度的权利。

表 5–1 人民陪审员制度的适用模式

法定适用模式案件范围		申请适用模式案件范围
一般性适用范围	七人合议庭适用范围	
第一审刑事、民事、行政案件： 1. 涉及群体利益、公共利益的； 2. 人民群众广泛关注或者其他社会影响较大的； 3. 案情复杂或者有其他情形，需要由人民陪审员参加审判的	第一审刑事、民事、行政案件： 1. 可能判处十年以上有期徒刑、无期徒刑、死刑，社会影响重大的刑事案件； 2. 根据《民事诉讼法》《行政诉讼法》提起的公益诉讼案件； 3. 涉及征地拆迁、生态环境保护、食品药品安全，社会影响重大的案件； 4. 其他社会影响重大的案件	第一审刑事、民事、行政案件： 1. 刑事案件被告人申请； 2. 民事案件原告或者被告申请； 3. 行政案件原告申请

按照《人民陪审员法》的规定，法定适用模式包括所有陪审案件的适用范围和必须由七人合议庭审理的适用范围。《人民陪审员法》第 15 条是关于适用范围的一般性规定。该条规定："人民法院审判第一审刑事、民事、行政案件，有下列情形之一的，由人民陪审员和法官组成合议庭进行：（一）涉及群体利益、公共利益的；（二）人民群众广泛关注或者其他社会影响较大的；（三）案情复杂或者有其他情形，需要由人民陪审员参加审判的。人民法院审判前款规定的案件，法律规定由法官独任审理或者由法官组成合议庭审理的，从其规定。"

从构成要件上看，人民陪审员参与审理的案件需要满足如下几方面的条件：第一，人民陪审员制度只适用于人民法院审判第一审刑事、民事、行政案件。“第一审案件”指的是人民法院受理的第一审案件，对于当事人上诉的二审案件或者上级法院发回重审的适用一审程序的案件都不能适用人民陪审员制度。在理解“刑事、民事、行政案件”时不宜作扩大解释，对于信访案件、执行案件、申请国家赔偿案件、撤销仲裁裁决和不予执行仲裁裁决案件等不能适用人民陪审员制度。第二，涉及群体利益、公共利益。在这里需要注意的是，无论是群体利益还是公共利益都必须是合法的、不违背公序良俗的利益。对于这类案件，人民陪审员更容易发挥熟悉社情民意的优势，保障当事人的合法权益。第三，人民群众广泛关注或社会影响较大。对于这类案件，人民群众一般具有强烈表达愿望。人民陪审员参与审理广受社会关注或社会影响较大的案件，可以让代表人民意愿的人民陪审员充分表达意见，让司法判决更合乎法理和情理。第四，案情复杂或者有其他情形，需要由人民陪审员参加审判的。人民陪审员参与审理这类案件可以更有效地化解矛盾纠纷，提升案件的服判息诉率，提升司法公信力。

《人民陪审员法》第16条是关于七人合议庭审理案件的适用范围。该条规定：“人民法院审判下列第一审案件，由人民陪审员和法官组成七人合议庭进行：（一）可能判处十年以上有期徒刑、无期徒刑、死刑，社会影响重大的刑事案件；（二）根据民事诉讼法、行政诉讼法提起的公益诉讼案件；（三）涉及征地拆迁、生态环境保护、食品药品安全，社会影响重大的案件；（四）其他社会影响重大的案件。”从法律规定的逻辑上看，“社会影响重大”是七人合议庭适用的充分不必要条件。无论是可能判处十年以上有期徒刑、无期徒刑、死刑的刑事案件，还是涉及征地拆迁、生态环境保护、食品药品安全的案件，只有达到“社会影响重大”的标准，才能适用七人合议庭审理。如果仅是达到了“社会影响较大”的程度，则这些案件只能由三人合议庭进行审理。公益诉讼案件主要是指《民事诉讼法》第58条和《行政诉讼法》第25条第4款规定的提起公益诉讼的情形。公益诉讼案件一般会涉及生态环境和资源保护、食品药品安全、国有财产保护、国有土地使用权出让等重大公共利益，采用七人合议庭审理此类案件可以进一步拓宽人民陪审员来源的广泛性和代表性，发挥人民陪审员制度在事实认定方面的制度优势。

《人民陪审员法》第17条规定了申请适用模式的案件范围。该条规定：“第一审刑事案件被告人、民事案件原告或者被告、行政案件原告申请由人民陪审员参加合议庭审判的，人民法院可以决定由人民陪审员和法官组成合议庭审判。”根据该条规定，法律赋予了案件当事人申请人民陪审员参与审理案件的权利。在构成要件上，当事人申请适用人民陪审员制度的案件必须是人民法院审判的第一审刑事、民事、行政案件。在当事人提出申请后，人民法院在综合考虑案件性质、社会影响、复杂程度、诉讼成本等因素后，决定是否由人民陪审员参与审理案件。

（三）合议庭组成机制

合议庭组成机制主要针对的是人民法院在适用人民陪审员制度时应如何安排人民陪审员和法官的配比数量，采用何种组织形式审理案件的问题。合议庭的组成是人民陪审员正式履行审判职责的起点，对于人民陪审员制度的整体效能具有至关重要的作用。科学合理、符合我国实际的合议庭组成机制不仅能够有效利用司法资源和社会资源，还能够充分调动人民陪审员的参审积极性，实现人民陪审员制度的司法价值和社会价值。

反之，未经过科学设计和实践检验的合议庭组织形式，在人民陪审员和法官的配比上往往会表现出不均衡性：当法官人数过多时，人民陪审员的心理优势会减弱，在审判活动中更易受到法官影响，不利于人民陪审员发挥作用；当人民陪审员人数过多时，会徒增司法成本、浪费公共资源，审判活动的效率也会随之降低，不利于司法机关及时化解社会矛盾纠纷。

在综合考虑上述因素的基础上，新时代人民陪审员制度经过科学顶层设计和丰富司法实践，形成了符合我国国情、有利于制度功能发挥的合议庭组成机制。《人民陪审员法》第 14 条规定："人民陪审员和法官组成合议庭审判案件，由法官担任审判长，可以组成三人合议庭，也可以由法官三人与人民陪审员四人组成七人合议庭。"

从运行机理的角度看，适用人民陪审员制度的合议庭在组成时需要注意如下三个方面的问题：

第一，关于合议庭组成的法定性问题。三人合议庭和七人合议庭是人民陪审员参与审理案件的法定模式。在组成合议庭时，只能按照法律的适用要求在这两种组织模式中进行选择，当事人不得申请改变组织模式，法院也不得依职权改变组织模式。

第二，关于审判长的选任问题。在适用人民陪审员制度的情况下，无论是三人合议庭还是七人合议庭，审判长必须由法官担任。作为法律工作者，法官比人民陪审员具备更完整的法律知识体系和司法实践经验，更熟悉庭审的程序性规则和实体法的适用。人民陪审员履行审判职责离不开具有专业优势的法官为其提供指引。因此，只有让法官担任审判长才能保障整个庭审活动依法有序开展。

第三，关于人数的配比问题。对于七人合议庭而言，法官和人民陪审员的配比在法律中已得到清晰的规定，即由法官三人和人民陪审员四人组成合议庭。但对于三人合议庭，《人民陪审员法》并未明确规定法官和人民陪审员的配比问题。从司法实践角度看，三人合议庭的配比存在两种情况：一是法官一人，人民陪审员两人；二是法官两人，人民陪审员一人。笔者认为，在法律尚未作出明确规定的情况下，应当赋予人民法院根据案件实际情况选择配比的权利，保证合议庭组成机制的灵活性和实效性。

（四）评议表决机制

评议表决规则是人民陪审员职权范围的最直接体现，是新时代人民陪审员制度体系中最为重要的机制。评议表决机制从本质上看是表达权和决定权的结合，标注着人民陪审员在参审案件过程中表达意见、作出决定的职权边界。从法理上看，司法案件的裁判主要集中在事实认定和法律适用两个主要环节。由此，人民陪审员的职权范围也围绕着这两个环节进行构划。从以往的司法实践看，人民陪审员“陪而不审、审而不议”问题的根源在于评议表决机制不够合理。由于人民陪审员在法律知识和审判经验上处于相对弱势的地位，其在庭审过程中往往沉默寡言。为克服先前的弊端，新时代人民陪审员制度进行了参审案件职权改革，对人民陪审员在事实认定和法律适用方面的职权进行了优化。

按照《人民陪审员法》的规定，三人合议庭和七人合议庭在评议表决机制上存在一定的差异。

在三人合议庭的组织模式下，人民陪审员与法官具有相同的权利。《人民陪审员法》第21条规定：“人民陪审员参加三人合议庭审判案件，对事实认定、法律适用，独立发表意见，行使表决权。”相较于先前的规定,《人民陪审员法》赋予了人民陪审员在事实认定和法律适用问题上“独立发表意见”的权利。这要求法官充分尊重人民陪审员的表达权,认真听取人民陪审员的意见,不能在指引提示过程中干预或阻碍其独立判断,更不能不履行必要的提示说明义务,以不作为的方式阻碍其发表意见。在三人合议庭的模式下,法官人数可能是一人或两人,如果将法律适用问题完全交给法官,很有可能出现法官一人单独决定法律适用问题的情况,“合议”的功能会受到严重损害,不利于陪审制度功能的发挥。因此,《人民陪审员法》保留了三人合议庭人民陪审员在法律适用问题上的表决权。

在七人合议庭的组织模式下,人民陪审员不享有法律适用问题的表决权。《人民陪审员法》第 22 条规定:“人民陪审员参加七人合议庭审判案件,对事实认定,独立发表意见,并与法官共同表决;对法律适用,可以发表意见,但不参加表决。”七人合议庭采用了事实审和法律审相分离的模式,更有利于人民陪审员扬长避短,发挥其了解社情民意、长于事实认定的优势。在事实认定中,人民陪审员可以利用其丰富的社会阅历和朴素的正义观念对庭审中的相关证据进行价值判断,防止法官受限于职业思维作出误判,让司法裁判更合乎情理。从法律适用角度看,七人合议庭审理的案件往往社会影响重大、法律关系复杂,需要具备完整法律知识结构和丰富司法经验的法官利用其职业方式厘清其中的法律问题。人民陪审员对于这类案件的法律适用一般并不具备相应的能力和优势。因此,在七人合议庭模式下,人民陪审员不参与法律适用问题表决的机制设计,符合人民陪审员制度的实际情况和审判规律,有利于充分发挥其在事实认定方面的专长,促进司法公正、增强司法公信。

为了充分保障人民陪审员在参审过程中的评议表决权,尊重人民陪审员的独立判断，新时代人民陪审员制度对法官和人民陪审员的意见分歧问题进行了规范。《人民陪审员法》第23条规定："合议庭评议案件，实行少数服从多数的原则。人民陪审员同合议庭其他组成人员意见分歧的，应当将其意见写入笔录。合议庭组成人员意见有重大分歧的，人民陪审员或者法官可以要求合议庭将案件提请院长决定是否提交审判委员会讨论决定。"这样的制度设计有利于提升人民陪审员评议案件的积极性和实效性，让人民陪审员的意见在司法活动中更有分量、更具价值。

（五）履职保障机制

履职保障机制是新时代人民陪审员制度的重要组成部分，对提升人民陪审员的履职积极性发挥着至关重要的作用。长期以来，由于缺乏科学完整的履职保障体系，人民陪审员在履职能力和履职动力方面都存在一定问题。由于培训机制不健全，人民陪审员尚不能完全掌握参与审判活动所必须具备的程序规则和司法礼仪，在庭审中为防止出错往往默不作声，无法充分履职。由于经费保障和安全保障机制不完善，人民陪审员为避免所在单位因其参与审判活动克扣工资福利，或者案件当事人事后打击报复，履职的积极性也不高。为了克服这些弊端，新时代人民陪审员制度对履职保障机制进行了进一步完善，在培训、奖惩、经费保障及安全保障方面迈出了重大步伐。

培训机制和管理机制是提升人民陪审员履职能力的重要环节。《人民陪审员法》第25条规定："人民陪审员的培训、考核和奖惩等日常管理工作，由基层人民法院会同司法行政机关负责。对人民陪审员应当有计划地进行培训。人民陪审员应当按照要求参加培训。"在人民陪审员选任工作完成后，人民法院需要会同司法行政部门按照分层培训、全员培训的原则展开形式多样、内容丰富的培训活动，使人民陪审员全面充分掌握庭审的各项程序和基本技能，提升履职的实效性。为了解决“干多干少一个样，干好干坏一个样”的问题，新时代人民陪审员制度对奖惩机制进行了完善。奖励机制坚持物质奖励和精神奖励相结合的原则，对于在审判工作中有显著成绩或者有其他突出事迹的人民陪审员，予以相应的表彰和奖励。相反，对于不依法依规履职的人民陪审员，《人民陪审员法》第 27 条规定了相应的惩戒机制。依照该条规定，对人民陪审员的以下两种行为，可以采取通知其所在单位、户籍所在地或者经常居住地的基层群众性自治组织、人民团体，在辖区范围内公开通报等措施进行惩戒，构成犯罪的，依法追究刑事责任：一是无正当理由，拒绝参加审判活动，影响审判工作正常进行的；二是违反与审判工作有关的法律及相关规定，徇私舞弊，造成错误裁判或者其他严重后果的。通过以上机制，可以督促人民陪审员依法、规范、廉洁履职，确保裁判的公正性。

在经费保障和安全保障方面，新时代人民陪审员制度作出了更加细化的制度安排。依照《人民陪审员法》第 28 条、第 29 条和第 30 条的规定，人民陪审员参加审判活动期间，所在单位不得克扣或者变相克扣其工资、奖金及其他福利待遇；对于违反规定的单位，基层人民法院应当及时向人民陪审员所在单位或者所在单位的主管部门、上级部门提出纠正意见。在经费保障方面，人民陪审员参加审判活动期间，由人民法院依照有关规定按实际工作日给予补助，因参加审判活动而支出的交通、就餐等费用，由人民法院依照有关规定给予补助。在安全保障方面，任何单位和个人不得对人民陪审员及其近亲属打击报复。对报复陷害、侮辱诽谤、暴力侵害人民陪审员及其近亲属的，依法追究法律责任。

第六章
陪审制度相关问题之浅见

一、专门法配套问题

自 2015 年 5 月最高人民法院联合司法部开始人民陪审员制度改革试点后，经过三年多时间，各地法院在人民陪审员的选任机制、参审机制、履职保障机制及退出和惩戒机制等方面探索出不少可复制、可推广的经验做法，取得了很大成效。《人民陪审员法》的出台为新时代人民陪审员制度体系搭建了基本框架，指明了发展方向，具有纲举目张的意义。然而，为了充分发挥新时代人民陪审员制度体系的价值功能，仍需要在司法理念、法律体系和管理机制等方面建立相应的配套制度，使其系统、整体、协同运转。

（一）司法理念的配套

新时代人民陪审员制度只有在与诉讼程序、证据规则和诉讼机制协同配套的前提下才能充分发挥其制度功能。综观世界各国，陪审制度都深深根植于程序公正理念、法律事实理念和控辩对抗理念之中，需要在控辩双方平等举证辩论、裁判者中立、律师充分发挥作用等一系列具体规则下有效运转。从我国司法实践的实际情况看，人民陪审员充分履职的司法理念基础还比较薄弱，陪审制度运行的前提理念仍有待树立。

（二）法律体系的配套

《人民陪审员法》作为我国第一部人民陪审员单行法律，在人民陪审员的选任条件、选任方式、参审范围、合议模式、管理保障等方面作出了诸多符合我国国情的规定，具有很强的可操作性。但还需要相关法律法规与之配套协作，保证法律体系的完整统一。

作为一项诉讼制度，《人民陪审员法》首先需要相关诉讼法与之配套。根据《人民陪审员法》第15条的规定，人民陪审员不仅可以参与第一审刑事案件的审判，还可以参与第一审民事案件和行政案件的审判。这就要求《刑事诉讼法》《民事诉讼法》《行政诉讼法》中存在与人民陪审员制度相衔接的配套性规定。

《刑事诉讼法》第183条规定，基层人民法院、中级人民法院审判第一审案件，应当由审判员三人或者由审判员和人民陪审员共三人或者七人组成合议庭进行。高级人民法院审判第一审案件，应当由审判员三人至七人或者由审判员和人民陪审员共三人或者七人组成合议庭进行。最高人民法院审判第一审案件，应当由审判员三人至七人组成合议庭进行。《民事诉讼法》第40条规定，人民法院审理第一审民事案件，可由审判员、陪审员共同组成合议庭；陪审员在参加审判活动时，与审判员具有同等的权利义务。《行政诉讼法》第68条规定，人民法院审理行政案件，可由审判员、陪审员组成合议庭。

在三大诉讼法中，涉及人民陪审员的条文主要是以上内容。其中，《刑事诉讼法》的规定相对较为全面，明确了适用人民陪审员制度的审级和合议庭的组成人数，但没有明确适用的案件范围。《民事诉讼法》明确了适用人民陪审员制度的审级和权利义务，但没有明确合议庭的组成人数和适用的案件范围。《行政诉讼法》的规定与《人民陪审员法》的配套程度较低，仅规定了人民陪审员可以参与行政案件的审判，但对于审级、权利义务、合议庭组成人数、适用的案件范围等问题都没有进行规定。为确保人民陪审员制度法律体系的完整统一，在下一步修法时有必要对三大诉讼法中指引不明、语焉不详的部分进行完善，使之与《人民陪审员法》衔接得更加紧密。

（三）管理机制的配套

为了确保人民陪审员制度在实践中高效有序运行，出台与《人民陪审员法》相配套的管理性规范也是十分必要的。比如，针对参审案件范围、庭审程序、评议规则等问题，《人民陪审员法》虽然进行了明确规定，但仍需要出台相关的规范性文件对具体的操作细节进行规范。对于人民陪审员的"两次随机抽选"、资格审查、人选确定以及培训、考核、奖惩等问题，仍需要最高人民法院配合司法部作出细化规定。关于人民陪审员的履职经费保障问题，财政部门也需要就相关问题作出更细致的规定。

二、二审实行陪审制问题

《人民陪审员法》规定，人民陪审员参与审理的案件仅限于特定的第一审刑事、民事和行政案件，第二审案件不适用人民陪审员制度。在现行法律框架下，人民法院必须严格按照法律的规定实施人民陪审员制度。

值得思考的是，在二审维持原判的情况下，人民陪审员的裁判意见能够体现在最终的判决之中，人民陪审员制度的功能得到了有效发挥；而在二审改判了人民陪审员参与审理的案件时，则在一定程度上表现出职业法官对人民陪审员意见的否定，与人民陪审裁判的终局性、人民性存在逻辑上的抵牾。笔者认为，可以尝试在一审人民陪审员参与审理模式的一元化构造基础上，在二审引入人民陪审员制度。对于一审采用人民陪审员制度审理的上诉案件以及一审采用职业法官模式但裁判后产生重大社会影响的上诉案件，可以由人民陪审员审理，在终局裁判中充分尊重人民意愿，实现法律效果和社会效果的统一。

（一）两级陪审制度的基本模式

具体而言，两级陪审，是指在一审人民陪审员参与审理模式的基础上，在二审引入陪审制，形成一审与二审有机结合、有效衔接的两审陪审结构。两审陪审结构致力于最大限度地保障司法民主，在运行机制上打通人民陪审员参与终局性裁判的通道。在案件范围上，二审陪审制可以适用于以下三种情况：一是一审采用三人合议庭模式陪审员参审的上诉案件；二是一审采用七人合议庭模式陪审员参审的上诉案件；三是一审采用职业法官模式且裁判后产生重大社会影响的上诉案件。实行二审陪审制，可以探索由9~11名人民陪审员组成合议庭进行审理、由1名法官主持审理的模式。在合议表决程序方面，考虑到上诉案件仅对有争议的部分进行审理且上诉方和被上诉方对争议部分的事实、法律适用在上诉中都有明确意见和理由，这些事实和理由都是针对一审裁判文书提出的，相对一审而言，二审审理相对简单，人民陪审员完全可以作出评判。因此，对二审的事实认定和法律适用，可以全部交由人民陪审员决定。法官仅主持庭审，不参加评议。

两审陪审结构更加注重程序公正的优先地位，通过树立控辩双方对抗的司法理念，在二审引入陪审制，一方面，为律师提供了发挥主观能动性的舞台，调动了其在证据调查和法庭辩论中的积极性，可以充分发挥控辩双方在审判过程中的主导作用，有利于人民陪审员在双方辩论的过程中深入了解争议事实，形成公正判决；另一方面，二审陪审制用控辩对抗模式取代传统的法官职权主义，有利于使案件的审理在公开和透明的状态下进行，进而从源头上防止司法腐败，提升司法公信力。因此，两审陪审结构能够紧密围绕“诉讼证据质证在法庭、案件事实查明在法庭、诉辩意见发表在法庭、裁判结果形成在法庭”的目标，通过庭审在认定事实、适用法律上的决定性作用，为人民陪审员作出公正判决提供有力保障，实现人民陪审员裁判的终局性和公正性。

（二）两审陪审的优势

在二审环节实行陪审制，可以进一步汇集更广泛的民意解决人民群众关注度高、社会影响重大的案件，让司法公正可感受、看得见。

与人民陪审员只参与一审裁判相比，二审实行陪审具有如下三个方面的优势：

第一，有利于实现更广泛、更实质的司法民主。最大限度地保障司法民主是我国人民陪审员制度的核心要义，更是中国特色社会主义司法制度独特优势的重要体现。新时代人民陪审员制度通过科学构划选任机制、适用范围机制、合议庭组成机制、评议表决机制以及履职保障机制，形成了系统完备的新时代人民陪审员制度体系，提升了人民陪审员来源的广泛性和代表性，增强了履职的实效性和积极性，对于实现人民陪审员制度的民主价值具有重要意义。然而，根据《人民陪审员法》的规定，人民陪审员制度只适用于一审环节。在二审终审制的审级模式下，当事人如果对人民陪审员参审的一审案件不服，仍然可以提起上诉。在由职业法官组成合议庭的二审环节，当合议庭认为一审案件存在事实认定不清或法律适用错误等问题时，可以按照诉讼法的规定将案件直接改判或发回重审，人民陪审员的意见存在被职业法官否定的可能性，继而将本应适用人民陪审员制度的案件“依法”变为由职业法官终审裁判的案件。在这样的情况下，人民陪审员制度就会在程序上空转，人民陪审员参与审判的实效性也会大打折扣。由此可见，探索人民陪审员制度向二审程序的拓展，对于提升人民陪审员参与审判的实效性和终局性具有重要价值。通过在二审阶段引入陪审制，能够有效发挥人民陪审员在事实认定方面的优势，让更广泛的民意融入终局裁判之中，让人民群众对司法工作的知情权、参与权、监督权实现得更彻底、更有效。

第二，有利于让人民群众更大程度地感受司法公正。新时代人民陪审员制度在参审程序和参审职权方面的改革，强化了人民陪审员对案件程序公正和实体公正的监督，更加注重法律事实和合法证据的重要作用，通过充分发挥人民陪审员在了解社情民意方面的优势与法官形成互补，有效促进了案件的公正审理。问题在于，在二审程序中，由职业法官组成的合议庭如果对人民陪审员参与审理的一审案件进行改判或发回重审，则人民陪审员参与审判的终局性和确定性无法得到保障，人民陪审员制度对于促进司法公正的作用也无法得到充分发挥。如果二审实行陪审制，可以进一步打通人民陪审员在参与终局性裁判方面的道路阻塞。在适用范围方面，二审陪审制不仅将一审适用人民陪审员制度审理的案件纳入上诉范围，还将一审采用职业法官模式且裁判后产生重大社会影响的案件也纳入其中，保证了人民陪审员制度的审级全覆盖，对于解决终审不终、案件久拖不决等问题具有重要作用。在评议表决方面，二审陪审制将二审中的案件事实认定问题、法律适用问题完全交由人民陪审员负责，法官仅主持庭审，不参与评议，一方面，解决了因职业法官单独决定改判或发回重审而产生的人民陪审员制度空转问题，同时也从源头上遏制了终审司法腐败；另一方面，在二审陪审制下，二审阶段一般由 9~11 名人民陪审员独立负责案件审理，这种模式有利于广集民智解决社会影响重大的疑难复杂案件，促进案件的公正审理，提升人民群众的司法获得感。

第三，有利于进一步提升司法公信力。新时代人民陪审员制度通过改革选任机制、参审机制和评议表决机制，强化了人民陪审员的队伍公信建设，为彻底解决“驻庭陪审”“编外法官”“陪审专业户”等问题开出了良方。然而，人民陪审员制度仅适用于一审程序的弊端在于，人民陪审员参与审理的案件裁判结果不具有终局性，裁判结果的不确定性依然会导致公众对人民陪审员制度实效性的质疑。将陪审制引入二审程序，可以在法官的引导和帮助下，使人民陪审员充分发挥作用，消除公众的疑虑和不满，进一步提升司法公信力：一方面，在二审程序中适用陪审制，能够充分调动当事人收集证据、举示证据的积极性，让控辩双方通过辩论对抗，说服人民陪审员采纳其意见。这种更加阳光透明的庭审方式，不仅有助于当事人获得公正的裁判，也为律师提供了发挥其证据运用和法庭辩论才能的舞台，让案件各方当事人对裁判结果更加信服。另一方面，在二审程序中适用陪审制，人民陪审员是随机抽选，领导干部干预司法，托人找关系、走后门，办理人情案、关系案、金钱案的可能性大大降低，可以获得公众更高的信赖。通过控辩对抗原则的适用，可以引导当事人和社会公众在参加诉讼时把重点聚焦在事实、法律和证据上，积极出庭应诉、配合法庭调查、参与法庭辩论，主动收集并向法庭提交充分的事实证据和法律依据，依靠法治的力量获得公正的裁判。同时，人民陪审员参与审判的实效性、终局性和确定性能够让社会公众更加崇尚法治、信仰法治，进一步树立“求人”“求关系”不如“求事实”“求证据”“求法律”的诉讼观念，推动全社会形成办事依法、遇事找法、解决问题靠法的良好风尚。

需要特别注意的是，二审陪审制的构想仅限于学理层面的讨论。在没有相关授权的情况下，人民法院必须严格按照《人民陪审员法》的规定适用人民陪审员制度。

三、陪审中的重大关系问题

对于新时代人民陪审员制度而言，其制度功能的有效发挥不仅需要内部结构的体系完整与逻辑自洽，还需要人民陪审员的能力与之相适应。人民陪审员要公正审理好案件，必须正确处理好诉讼中的两对重大关系。

（一）程序公正与实体公正

1. 司法公正观的基本理论

司法公正观问题的本质在于如何处理程序公正与实体公正之间的关系。对这一重大理论问题，虽已历经百年探索争鸣，仍学说众多、莫衷一是。从总体上看，程序公正与实体公正的关系大体有实体公正优先学说、程序公正优先学说和实体公正与程序公正并重学说三种不同理论。

（1）实体公正优先学说

这种学说也被称为“程序工具主义”理论。所谓“实体公正”，又称“实质公正”或“结果的正义”，主要是指通过法院的审判程序所产生的裁判结果符合公正的要求。“程序公正”，主要是指法院的司法裁判过程符合公正的要求。实体公正优先学说的主要观点是，审判程序仅是实施实体法的工具或手段，形成正确的裁判结果才是其主要目的。

这种理论主要包含三个要素：一是审判活动的直接目的在于实现判决的正确性和准确性，即正确地将法律适用到已经得到证明的事实上；二是程序法作为一种“附属法”，只有在它有助于执行实体法的情况下才具有善的品质，程序的目的仅在于形成正确的裁判结果；三是对实体法正确适用而产生的正确裁判结果只有在符合“保证最大多数人的最大幸福”这一“功利原则”的情况下才能得到证明。[①]概言之，如果某一诉讼程序对于公正裁判结果的形成是积极有效的，则此诉讼程序才有其价值；如果某一诉讼程序的适用不能形成公正的裁判结果，则此诉讼程序本身也就失去了存在价值。

尽管“程序工具主义”理论在一定程度上肯定了法律程序作为一种标尺和工具对于保证实体公正的意义，但其理论缺陷

① 转引自陈瑞华：《刑事诉讼的前沿问题》（第四版），中国人民大学出版社2013年版，第166页。

也是显而易见的。[①] 由于过分强调裁判结果的公正，法律程序仅被作为一种工具意义上的附庸，程序公正的内在价值亦被忽略。这使裁判者可以为了得到正确的结果而在审判过程中不择手段、恣意妄为，牺牲了受裁判结果影响的被告人或当事人得到公正对待、获得公正审判的基本权利。因此，实体公正优先理论随着司法文明的进步逐渐被时代遗弃，但受理论惯性的影响，“重实体，轻程序”的观念依然影响着很多国家的司法实践。

（2）程序公正优先学说

这种学说被称为“程序本位主义”理论。与“程序工具主义”理论截然相反，程序公正优先学说认为，评价法律程序的价值标准在于它本身是否具有一些内在的优秀品质，而不是其在确保实现实体公正结果方面所体现的工具性。由于受到法律文化传统的影响，持“程序本位主义”理论观点的学者主要集中在英美法国家。他们相信“正义先于真实”，审判只要按照公正合理的法律程序进行，由此产生的裁判结果就会产生实体公正的效果。

这种学说认为，程序工具主义理论的错误在于把审判程序与由这一程序所产生的裁判结果作了不适当的分离，同时也把法律程序自身的公正性与裁判结果的公正性进行了不合理的割

---

① 坚持“程序工具主义”理论的美国学者德沃金也曾指出，纯粹的程序工具主义将保障实体法的适用结果作为法律程序的唯一性价值，这会导致为抑制犯罪而故意对无辜者作出有罪裁判的极端结果。由此，德沃金提出了“程序相对工具主义”理论，指出要真正享有实体权利就必须借助对程序性权利的保障，为保障公民不受错误定罪的道德性权利，需要对法律程序作出诸如无罪推定、公正审判等特定的非工具主义目标的限制。虽然德沃金的学说在一定程度上摆脱了纯粹工具主义的限制，但本质上其强调的仍是程序作为工具对于保障裁判结果实体正义的意义，并未重视法律程序本身的价值。有鉴于此，德沃金的学说依然被归类于程序工具主义理论。参见林立：《法学方法论与德沃金》，中国政法大学出版社 2002 年版，第 11~20 页。

裂。[①]通过审判程序所作的裁判结果必须具备合理的根据并经过充分的论证。如果裁判结果是通过不可信、不合理的程序产生的，抑或建立在不充分、不可靠的证据之上，那么即便法院作出了正确的判决，也会因为没有得到合理的证明而失去公正性。同时，裁判者在审判过程中必须将其制作的裁判结论向那些受其拘束和影响的人进行证明，使裁判的合理性和正确性得到他们的理解和信任。如果裁判的公正性不能以人们“看得见”的方式实现，那么这种裁判本身就不符合公正的要求。如果不能保证这种程序上的独立价值，便构成了对公正的违背。

程序价值可以称为一种程序本位主义而不是结果本位主义意义上的价值。程序价值需要满足的条件有能够通过法律程序的特征得以实现；能够在法律程序的运作过程中而不是最终结果中得到实现；能够使法律程序的某一特征更易为人们所接受，而不论它对程序结果是否产生影响。在司法实践中，不仅应该凸显程序公正价值的独立性，更应建立保证程序公正价值在立法和司法过程中得到彰显的相应机制，让那些无视程序价值以及违反法律程序的主体受到制裁，使为实现实体公正肆意而为的做法得到禁止。[②]

坚持“程序本位主义”理论的学者为数众多，其内容也各有侧重，但其共性在于对程序内在价值和独立价值的肯定。该理论主张，法律程序应该保障受裁判结果影响的诉讼主体参与到审判活动中，成为法律程序的主体而不是诉讼的客体；法律程序不应被视为工具，即便其不能为实现实体公正结果提供助力，被告人获得公正审判的程序性权利依然应该得到保障。但

---

① 参见陈瑞华:《程序价值理论的四个模式》，载《中外法学》1996年第2期。

② 参见陈瑞华:《通过法律实现程序正义——萨默斯“程序价值”理论评析》，载《北大法律评论》1998年第1期。

值得注意的是，“程序本位主义”理论过分强调程序公正对于结果公正的至高无上作用，将公正的裁判视为公正程序运用的必然结果，混同了程序与程序的结果之间的逻辑关系，否认了实体公正自身的独立评价标准，因而亦走向了另一个极端。

（3）实体公正与程序公正并重学说

鉴于“程序工具主义”和“程序本位主义”均存在各自的理论缺陷，实体公正与程序公正并重学说应运而生。该学说认为，实体公正与程序公正对于司法实践而言不存在主从关系，具有同等重要的作用，因而难分轩轾。陈光中教授提出：“程序公正和实体公正的价值应当从全方位多角度地加以衡量，才能得出更加科学合理的结论。用马车和马来比喻两者的关系可能过于看重实体，但笔者认为两者如车之两轮，鸟之两翼，互相依存，互相联系，不能有先后轻重之分，更不能搞程序本位主义。如果以程序为本位，必然否定或基本否定程序为实体服务的作用，必然主张程序绝对优先，这不仅不符合我国实际，而且是不符合诉讼规律的。”①

实体公正与程序公正并重学说在我国已具有一定地位，并在一定程度上为司法机关所采纳。如2003年11月12日施行的《最高人民法院、最高人民检察院、公安部关于严格执行刑事诉讼法，切实纠防超期羁押的通知》明确提出：“进一步端正执法思想，牢固树立实体法和程序法并重、打击犯罪和保障人权并重的刑事诉讼观念。社会主义司法制度必须保障在全社会实现公平和正义。人民法院、人民检察院和公安机关依法进行刑事诉讼，既要惩罚犯罪，维护社会稳定，也要尊重和保障人权，尊重和保障犯罪嫌疑人、被告人的合法权益，是依法惩罚犯罪

① 陈光中：《坚持程序公正与实体公正并重之我见——以刑事司法为视角》，载《国家检察官学院学报》2007年第2期。

和依法保障人权的有机统一。”

2. 程序公正兼顾实体公正

从上述不同理论学说可以看出，无论是实体公正优先、程序公正优先还是实体公正与程序公正并重理论，在实践层面都存在缺陷和弊端。在宏观层面，实体公正优先和程序公正优先都会不同程度地损害司法公正和司法公信，实体公正与程序公正并重理论则会因无法真正调和程序与实体之间的冲突矛盾而失去实然的可操作性。在微观层面，以上三种司法公正观亦无法让新时代人民陪审员制度真正发挥效能。三人合议庭制与七人合议庭制有机结合的组织结构得以发挥作用的根本前提在于对法律程序的严格遵守，其制度目的在于充分保障案件当事人或被告人各项诉讼权利并由此获得公正的裁判。程序公正和实体公正对于陪审制裁判均具有重要意义，当两者的矛盾不可调和时，笔者认为，应当坚持程序公正兼顾实体公正的司法理念：

第一，程序公正可以吸纳当事人和社会对司法的质疑，提升人民群众对司法的满意度。无论是民事诉讼、刑事诉讼还是行政诉讼，其最基本的动因和目的都是更好地解决人与人之间的纠纷和争执。冲突双方的争执能否真正解决，在很大程度上取决于诉讼过程是否符合冲突双方对程序正义的期望心理，而非简单的诉讼结论。这是由于案件的当事人一方或被告人很有可能会承担败诉结果或被判处刑罚，而一部分承担法律不利后果或否定评价的当事人或被告人很有可能认为裁判结果对其不公。一项理性程序设置的初衷就是承认和尊重当事人的诉讼主体地位，使他们在庭审过程中获得公平的对待，进而充分有效地参与到裁判过程中来，成为自身权益的决定者和控制者。通过公正合法的程序，当事人会感受到他们的人格尊严受到尊重，对经历的审判过程也会作出正向的心理评价，从而相信判决结果的公正性，维护法院的公信力，树立对法治的信仰。因此，坚持程序公正能够让败诉方更信服地接受裁判结果，有利于促进案结事了、定分止争。

第二，坚持程序公正是确保司法公正的必要途径，有利于提升司法公信力。庭审程序是查明案件事实的重要途径，但案件事实毕竟发生于过去，由于人类认识能力的局限性和时间的不可逆转性，法律无法确保必然能够恢复案件的历史原貌，只能依靠法律职业人员，通过理性的程序，根据事实遗留的痕迹，适用既定的证据法则，在法律规定的有限时间内形成最大限度趋近于客观事实的法律事实。只有通过科学规范的法律程序，那些为法律所认可的事实真相及据此产生的法律后果才能够获得社会公众的普遍认同，裁判的结果才能无限趋近于或符合司法公正的标准。由于程序公正具有较强的确定性和可操作性，通过程序公正来保障实体公正并由此实现司法公正是一条可行之路。换言之，程序公正应作为在实践中追求司法公正的切入点。

第三，在坚持程序公正的前提下，必须兼顾实体公正。程序的意义在于限制国家权力的滥用，同时保障公民个人的正当权利免受不法侵犯。而保障公民的合法权益无疑是实体公正的首要体现。程序公正是实现实体公正所必须遵守的基本规则，为了最大限度实现实体公正，我们必须首先严格遵守程序公正。但值得注意的是，我们在强调程序公正的时候，不能矫枉过正，被程序至上、程序绝对优先的错误观点误导而忽略或者忽视实体公正。实体公正与程序公正从根本上说是一致的，实体公正是目的，而程序公正是实现这个目的的手段或保障，追求与维护程序公正的过程也就是追求与维护实体公正的过程。脱离实体公正去单纯追求程序公正，会使程序公正成为无源之水、无本之木。对于法律程序价值的评判，应当从内外两个方面进行，充分考虑到其双重属性，过分强调一方面的重要性而排斥另一方面的存在失之偏颇。

因此，实体公正的可变性和程序公正的稳定性让我们认识到，人民陪审员在审理案件时应当树立程序公正兼顾实体公正的司法理念。程序公正兼顾实体公正理念强调的是程序公正与实体公正之间的对立统一关系：程序公正与实体公正在总体上是统一的；但在其发生矛盾时，应首先选择能够保障案件当事人或被告人诉讼权利和人格尊严的程序公正，不能因过分追求结果而牺牲程序上的公正。

（二）法律事实与客观真实

1. 司法事实观的基本理论

司法事实观理论主要研究的是法律事实与客观真实在司法实践中的基本关系。按照证据法的基本理论，司法事实一般被区分为法律事实和客观真实。所谓法律事实，是指法院在审判过程中通过法定程序认定的事实；客观真实，是指客观实际发生的事实，即案件的事实真相。随着法治实践的拓展，人们对于诉讼程序中的事实能否被认识，能够被认识到什么程度以及应当将怎样的事实作为判决依据等问题有了更加深入的认识。在证据法领域也相应产生了关于法律事实与客观真实的各种理论学说，从总体上看，主要存在如下四种理论。

（1）客观事实观理论

客观事实观理论认为，客观真实性原则是司法活动必须无条件服从的最高准则，查明案件的客观真实不但是必要的，而且是完全可能的，司法程序的设计需要以查明案件的客观真实为根本目标，严格恪守尊重客观事实、忠实于客观真相的基本原则。客观事实观所追求的是纯粹的、绝对的事实真相，认为诉讼的根本目的在于准确地查明案件的事实真相，发现客观真实不仅是法院认定事实的核心环节，而且是在每一个案件中都必须实现的具体目标。

客观事实观不仅在世界各地都有一定的影响，在我国也曾长期占据主导地位。客观事实观的哲学依据如下：第一，马克思主义认识论认为，社会存在是第一性的，社会意识是第二性的，社会存在决定社会意识；人类具有认识客观世界的能力，能够通过调查研究认识案件的客观真实。这为查明客观真实提供了哲学理论基础。第二，客观上已经发生的案件事实，必然在外界留下这样或那样的物品、痕迹，抑或被特定人目击或感知，为查明案件客观真实提供了事实基础。第三，我国司法机关有党的坚强领导和广大人民群众支持，有较为完善的司法机制，为查明案件客观真实提供了组织基础。第四，随着中国特色社会主义法律体系的不断完善，《刑事诉讼法》《民事诉讼法》《行政诉讼法》等程序法律规范日臻成熟，为查明案件客观真实提供了法律依据。总之，该理论认为，司法工作人员只要依法正确收集和审查判断证据，完全能对案件事实作出符合客观实际的认定。

不可否认的是，最大限度地还原案件事实有利于法院作出公正的判决，维护社会的公平正义。从实践角度看，多数案件通过法定程序可以实现法律事实与客观真实的吻合。问题在于，尽管法律事实需要以客观真实为追求目标，但出于种种原因，两者不一致的情况在所难免。这时，如果以追求客观真实为唯一目标，则会使司法裁判陷入另一种不公。诉讼制度的直接目标是发现案件真相，但根本目的是解决纠纷、维护当事人的合法权利。因而，诉讼制度作为一种特殊的事实发现机制，与发现真相即达到目标的科学实验类发现机制存在很大不同。诉讼作为一种以定分止争和保护合法权利为最终目标的制度设计，不能以发现事实真相作为唯一目标。诉讼程序不仅要有利于发现事实真相，而且这种发现事实真相的程序还必须能为公众所接受。在刑事诉讼过程中，这种可接受性主要体现为诉讼程序对当事人，特别是犯罪嫌疑人、被告人权利和尊严的尊重。[①] 如仅仅为了发现客观真实，而利用通过刑讯逼供等方式获得的非法证据进行裁判，即便还原了事实真相，诉讼的目的依然无法实现。同时，诉讼的效率因素也应当被考虑在内，如因过分追求事实真相而使诉讼陷入久拖不决的状态，同样有违诉讼制度的初衷。因此，客观事实观忽视了诉讼制度解决纠纷和保障人权的制度价值，存在理论弊端。

（2）主观事实观理论

主观事实观认为，自由裁量是事实认定和法律适用中必然涉及的因素，法律事实是法官所认定的主观事实，法官的个性是影响事实认定的决定性因素，法律事实因法官的个性差异而有不确定性。

现实主义法学兴起之前，奉行形式主义传统的法律界认为法律适用就是法官把一般法律规则适用于具体的案件事实，以一般法律规则中的规则事实去涵摄具体案件中的案件事实，并将法律规则对这类事实的评价应用于本案事实，从而得出相应的判决。在这种理论逻辑下，法律事实是客观存在的事实，判决则是以客观事实为基础的法律规范演绎适用的结果。法官作出判决的过程实质上是法官事先得出判决结论，再用法律规则使其合法化和正当化。“事实”的客观性之所以被怀疑，或者说

① 陈永生:《法律事实与客观事实的契合与背离——对证据制度史另一视觉的解读》，载《国家检察官学院学报》2003 年第 4 期。

法官所认定的事实之所以具有不确定性，是因为每个法官的个性不同。由于成长环境和社会阅历不同，每个法官对于当事人或证人的不同身份、外貌、神态等外部刺激会产生不同的偏见或偏好，基于其描述的内容所作出的判断就会大不相同。从这个角度说，判决就变成了法官的个性与外部刺激相互作用的主观结果。

主观事实观的理论弊端是显而易见的。由于过于强调法律的不确定性特征和法官个性的决定性作用，使这种理论最终走向法律虚无主义和唯心主义的极端。值得注意的是，主观事实观虽然在理论上显得过于极端，但其理论价值正在于通过这种极端的方式为我们提供一种启发和警示。任何法律都难以根除不确定性，但这并不妨碍我们把法律的特点之一概括为确定性和可预测性。指明法律的不确定性和不可预测性正是为了更大程度上实现法律的确定性和可预测性。事实上，即使是完全不确定的法律事实也不能摧毁正义和理性。相反，这种事实反而会激起人们追求正义和理性的冲动，使人们竭尽全力去完善法律，从而适应和推动社会的发展和变革。[①]这种理论也从另一个侧面提醒我们不要将法官"神话"化，要注意法官在认定事实、作出判决过程中受到主观因素和外部状况影响的非理性一面。这也提醒我们要更加注重研究法官的心理特征和主观意识，分析研判影响判决的个性因素与外部因素，建立科学有效的审判权运行监督管理机制，促进案件的公正审理。

（3）法律事实观理论

法律事实观主张，在法律视域下，并不存在"绝对的"事实，而只存在由司法机关在法律规定的程序中所确定的事实。

① 参见孙启东、范进学：《弗兰克法律现实主义观述论》，载《山东社会科学》2007年第3期。

事实只有按照法定的审判程序和证据规则加以确定后，才能被带入到法律范围中来，作为司法裁判所依据的事实。

法律事实具有如下特征：

第一，法律事实具有客观存在性。任何需要被法官认定的事实都应该是客观存在的，法官不能通过伪造、编造的事实来进行事实认定。

第二，法律事实具有规范性。虽然法律事实是法官在适用法律的时候认定的，但这种认定同时也是用法律规范模型衡量生活事实的一种结果。所以法律事实这一概念在一定程度上体现了法律规范所设计的事实模型。① 正如纯粹法学派创始人凯尔森所讲："某个行为之所以成为法律行为，正因为它是法律规范所决定，任何行为的法律性质就是其与法律规范的关系。一个行为也只能够在法律规范所决定的范围以内，才能成为法律行为。"② 而法律事实也应是法律所规范的事实，事实如不被法律所规范就不能称其为法律事实。司法机关用于确定事实的程序是由法律规范所规定的。事实只有首先通过一个法律程序加以确定后，才能被带入到法律范围中来，才在法律范围中出现。

第三，法律事实具有可证明性。对于那些在某一历史时段客观存在过的客观真实，如在法院庭审时不能拿出有力证据证明，则这样的事实便无法成为法律事实。对于法律事实而言，无论其多么显而易见，抑或仅需要运用简单的逻辑推理就能推断其存在，它依然需要一个法律的证明过程。如果某一"事实"通过法官的思维过滤和相关证据仍不能被证明，则其不能作为法官据以裁判的法律事实。因此，法律规范为法律事实划定了框架，需要经过法定程序和法律工作者的证明。在这里，法律

① 陈金钊：《论法律事实》，载《法学家》2000 年第 2 期。

② 参见许小亮：《法实证主义的方法论特质》，载《中外法学》2008 年第 3 期。

规范反映了立法者对何为法律事实的总体认识，而法律工作者证明的则是客观事实本身所具有的法律意义。

法律事实观淡化了法官的主观任意性，更加强调法律规范与法律程序的意义。从某种意义上看，法律事实本质上是以法官为核心的法律工作者求索客观事实的结果，在被认定的过程中也要受到法律规范、认定者主观意识和相关证据的影响。将这些不确定因素统一纳入法律规范的轨道，无疑是一种事实观的进步，对于公正裁决的作出具有深远意义。

需要注意的是，尽管法律事实离不开对客观真实的追求，但法律事实观并不以客观真实作为唯一的目标。与客观事实观不同，法律事实观出于解决纠纷的时效性和保障人权等价值考虑，允许法律事实与客观真实一定条件下存在不一致：

首先，因人类认识能力的局限，会出现事实真相无法再现、案件事实仍有疑点的情况。此时，法官不能因客观真实无法查明而搁置案件，必须按照审判程序的时限要求，在法定期限内作出裁判。在这里，刑事诉讼与民事、行政诉讼存在不同的情况。刑事诉讼坚持谦抑原则，对于尚存疑点的不可证事实，不能作为定罪量刑的依据；民事诉讼和行政诉讼要根据优势证据的标准，对于尚存疑点的不可证事实，按照双方当事人所提供证据的肯定与否定的优势程度进行事实认定。在这种情况下，诉讼制度通过证据规则对无休止地查明案件“真相”作出了一定限制，为及时化解纠纷开辟了路径。

其次，为实现诉讼更高位阶的价值，会出现明知客观真实如此，但依然不予认定的情况。这种有意而为之的法律事实与客观真实的不一致是法律为追求更高的制度价值不得不付出的必要代价。司法裁判中的举证期限、证明标准、非法证据排除及法律推定和法律拟制等制度安排都可能导致法律事实与客观真实出现矛盾。比如，为实现诉讼人权保护的制度价值，通过刑讯逼供等侵犯犯罪嫌疑人、被告人权利的方式获取的证据，即便与案件“真相”完全吻合，依然不能被认定为法律事实。

最后，因法官主观原因导致的事实认定错误，不应被包含在法律事实观允许的范围之内。法官因疏忽大意或故意枉法裁判也会造成法律事实与客观真实的不一致。这种不一致是不被法律允许的，必须通过法定程序进行纠正和权利救济。

总体而言，法律事实观能够正视法律事实与客观真实的不一致，通过诉讼制度的设计为两者找到了平衡点，符合现代司法理念，并为多数国家所接受。

（4）无所谓事实观理论

无所谓事实观认为，包括程序法和实体法在内的所有法律的总体目标是解决争端和查明真相，但与纯粹的科学不同，发现全部的真实并不是它的唯一目的。因为发现全部真实不仅成本极高，而且与解决争端的目标有时毫无关系。有些类型的案件可能永远也不会有正确的答案，裁判者任意的命令或者投掷硬币都可以成为有效地解决许多争端的方法。[①] 这种对查明客观真实持无所谓态度的理论固然是让人无法接受的，但也要仔细分析无所谓事实观的具体语境。

在司法实践中也经常会遇到这种情况，在职务犯罪案件中，有足够的证据证明被告人确实贪污了公款，但就是因为无法查明这些公款的下落而迟迟无法结案。这种认识与其说是对证据的基本理论缺乏了解，毋宁说是钻入了“事实”的死胡同而不

① 贝勒斯所说的“程序价值”是指通过法律程序本身体现出来、独立于裁判结果正确性的价值，如尊严、公平、参与等。这种价值可以称为“内在的程序价值”。参见陈瑞华：《走向综合性程序价值理论——贝勒斯程序正义理论述评》，载《中国社会科学》1999 年第 6 期。

能自拔。另外一种情况是，仅有一定的证据证明某人有犯罪嫌疑，但却达不到定罪的程度，因而就抓住案件不放，即使超过诉讼法规定的办案期限，也要把案件追查下去。这种认识不但完全忽视了《刑事诉讼法》规定的疑罪从无原则，也把查明事实当作诉讼的最终目的，而把解决争执抛到一边。在民事案件中，双方对某动产或不动产的物权存在争议时，只有在当事人双方各持己见的情况下，查明物权的真正归属才有意义；如果双方决定和解，这一争议便就此了结，查明物权的实际归属也就显得没那么必要了。因此，在民事诉讼中，发现事实真相也并非诉讼的唯一目的，其不过是解决争议的工具而已。从世界各国的司法实践趋势上看，解决争端相较于查明真相处于更加重要的位置。①

2. 当前司法事实观的弊端

“以事实为依据，以法律为准绳”是我国司法机关办理刑事、民事、行政案件遵循的基本原则，是三大诉讼法的明确规定。在司法实践中，“以事实为依据”却被有的人曲解为法律认定的事实必须与案件的客观真实完全吻合，存在过分追求客观真实的现象。事实上，这在很多案件中都是难以做到的。

第一，违背了认识论一般原理。这种认识简单套用了“一个正确的认识往往需要经过由实践到认识再由认识到实践的多

---

① 至少从20世纪70年代开始，德国的诉讼实践中就出现了辩诉交易，并且通过几十年的发展，目前已成为德国刑事诉讼的一个重要构成部分。1989年，意大利在《刑事诉讼法典》中引入了辩诉交易制度，成为欧洲大陆第一个引入辩诉交易制度的国家。2004年3月9日，以固守自身法律传统著称的法国也设立了“法式辩诉交易制度”，即所谓的庭前认罪答辩程序，这意味着辩诉交易制度已经跨越了法系的界限，并全面实施于欧洲大陆的各个主要国家。参见徐美君：《德国辩诉交易的实践与启示》，载《法学家》2009年第2期；施鹏鹏：《法、意辩诉交易制度比较研究——兼论美国经验在欧陆的推行与阻碍》，载《中国刑事法杂志》2007年第5期。

次反复才能完成”的认识论原理，将案件事实抽象化、模糊化，认为其同样需要由一级本质向二级本质再到无穷级本质的逐渐深化和不断前进的认识过程。在司法裁判中，法官需要在既定的法律规范的指引下认识案件事实，更需要在相关法律制度约束下完成对客观真实的反映或者再现。这种事实认定必须在特定的时间、空间和其他约束下完成，其主要目的是实现诉讼的法律价值和社会价值，无穷无尽的认识深化过程在这里不能被允许。法律事实对案件事实的认识是一种具体的认识，不是哲学意义上的抽象认识，并不存在逐渐深化和不断前进的过程。

第二，客观事实观违背绝对真理和相对真理的辩证关系。按照绝对真理和相对真理的辩证关系，客观真实既是有条件的，也是相对的。不可否认的是，在每一个具体个案中，法律事实越近似于客观真实，案件的判决就会越有说服力。但是，客观真实是不可再现、无法重演的，而且法官对客观真实的认识还要受到主客观条件的约束。客观真实只能成为案件证明的一个客观要求和司法办案的努力方向，但不能成为具体个案必须达到的具体标准。

第三，从诉讼的目的看，司法裁判的目标不仅在于发现案件真相，更在于及时化解矛盾纠纷，维护相关当事人的合法权利。这种认识将发现事实真相作为诉讼制度的唯一目标，把客观真实性作为司法活动最高准则，忽视了司法的合法性特征，背离了基本的司法规律。

审理案件追求绝对的客观真实，在司法实践中也存在两个方面的弊端：第一，客观事实观会使司法案件陷入久拖不决、终审不终的泥潭。除非对案件发生的过程进行了实时录像，司法案件一般都是过去发生的不能重演的事件，只能通过对相关证据的理性加工去试图还原事件的原貌。从这个角度来看，客观事实是客观存在的原始状态，法律事实是通过诉讼程序理性加工后形成的认识结论。追求绝对的客观真实要求每一个案中的事实必须达到“真相”的标准，这会使案件审理陷入对案件事实没有穷尽的认识深化过程之中。这不仅因为没有哪一种证据会证明通过长时间深化认识后所得出的结论究竟是不是“真相”，更在于一旦某一事件的出现会使原来的“真相”结论出现瑕疵（即便这种瑕疵是无关紧要的），我们依然要为此展开新一轮的认识深化过程。基于此，大多数案件都会因难以还原“真相”而难以结案；已经生效的判决也会因案件事实认定没有达到客观真实的标准而进入再审程序。这便会使案件在追求客观真实的循环往复中陷入久拖不决、终审不终的怪圈，有违诉讼定分止争的基本价值。

第二，客观事实观会诱发利用非法证据的风险。基于对绝对客观真实的追求，为了审结案件，必须要完全展现案件的原始状态。这就会引诱事实认定者或案件当事人通过一些非法手段去获取“真相”。比如，在刑事诉讼中，通过刑讯的方式让嫌疑人说出事实真相，并沿着这种路径去寻找定罪量刑的证据；在民事诉讼或行政诉讼中，当事人通过侵害他人合法权益或者违反法律禁止性规定等方法获得事实真相。这种方法不仅严重影响司法公正，也有违法律保护公民合法权利的基本理念。

3. 法律事实优先于客观真实

从上述司法事实观理论中可以看出，主观事实观理论、客观事实观理论和无所谓事实观理论在不同层面都存在各自的理论缺陷。笔者认为，应当坚持法律事实优先于客观真实的司法理念。法律事实优先于客观真实理念强调的是法律事实与客观真实的辩证关系：法律事实与客观真实在多数情况下应该是基本吻合的；但在某些特定条件下，两者会产生冲突，这时需要我们把法律事实放在优先的地位，不能因过分追求客观真实而背离司法制度的基本价值。

法律事实优先于客观真实理念能够有效保障裁判结果的合法性。与客观真实至上的理念相比，法律事实优先于客观真实的制度安排将合法性与公正性统筹考虑，是更符合司法公正的基本要求的。尽管这种结构的事实观是不完美的，有时甚至要以牺牲个案的正义为代价，但它却是与人类的理性能力和制度伦理更为匹配的司法事实观，也是更符合司法规律的司法理念，具有司法实践上的具体性和可操作性。

出于合法性考虑，在某些特定的条件下，允许司法活动对客观真实作出必要的限制。这种限制主要表现在如下方面：

第一，即便未查明事实，也要作出结论。法律事实优先于客观真实的事实观正视了人类认知能力的局限性，并不要求裁判者必须在查明全部事实真相的前提下才能作出裁判。出于对及时化解矛盾纠纷等更高位阶诉讼价值的保护，即使案件的真相无法查明，裁判者也不能推卸作出确定结论的责任，必须在法律规定的期限内作出判决。在刑事诉讼中，如果没有充足的证据证明被告人有罪，则法院需要按照疑罪从无原则宣告被告人无罪；在民事诉讼和行政诉讼中，如果一方当事人没有证据证明其所主张的诉求，则法院需要按照举证责任分配的原则，由举证不能方承担不利后果。此时，如果被宣告无罪的被告人真的是无辜的，或举证不能方确实是说谎者，则实现了法律事实与客观真实的统一；如果被宣告无罪的被告人的确是有罪的，或举证不能方主张的情况是真实的，则这种对个案公正的牺牲就是我们为了实现诉讼的法律功能和社会功能需要付出的代价。

第二，即便查明了事实，也不能作为结论。出于对诉讼程序当事人合法权利保护的目的，在法律事实优先于客观真实的理念下，查明的事实必须经过法律的合法性检验。即便所查明的事实就是客观真实，只要其不满足合法性要件，依然要被排除在外。那些通过威逼胁迫甚至刑讯逼供得来的证据，无论其与客观真实有多么一致，都不能作为裁判的依据。

第三，法律推定或拟制的事实优先于客观真实。在特定条件下，法律会基于公正和效率的基本原则对某些事实作出推定和拟制的制度安排。比如，在认定巨额财产来源不明犯罪的过程中，法院对于被告人财产明显超出合法收入的巨大差额部分，在被告人没有证据能够证明这一巨大差额属于合法收入的情况下，一律推定为非法所得，检察机关不必提出证据加以证明。[①]在民商法领域，依照表见代理制度，对于行为人没有代理权、超越代理权或者代理权终止后仍然实施代理行为，相对人有理由相信行为人有代理权的，视为代理权有效；在买卖合同中，当事人没有约定货物检验期间的，买受人在合理期间内未通知或者自标的物收到之日起两年内未通知出卖人的，视为标的物的数量或者质量符合约定。在这些情况下，法律推定或拟制的事实与客观真实可能是明显背离的，但司法事实认定必须服从法律保护公平正义和交易安全等更高法益的大局，在合法性的框架内作出裁判。

第四，法律事实优先于客观真实理念要求妥善处理法律事实与客观真实间的关系。法律事实优先并不是法律事实的无条件优先，而是“依法”的优先。这种“依法”主要体现在法律出于更高位阶的价值考量对客观真实作出的合法性限制。但这并不是说法律事实优先理念可以置客观真实于不顾。倘若法律程序不以查明事实原委、昭彰公平正义为目标，显然是荒谬的。

① 陈瑞华：《刑事证据法学》，北京大学出版社 2012 年版，第 270~271 页。

在多数情况下，法律事实与客观真实是基本吻合的，法官需要充分发挥主观能动性，去发现案件的事实真相，并据此作出公正的裁判。因此，法律事实优先于客观真实理念科学地处理了法律事实与客观真实的辩证关系，对维护司法公正具有重要意义。

结　语

我国宪法规定，我国是人民民主专政的社会主义国家，一切权力属于人民。人民陪审员制度自创立之日起，就始终伴随着我国经济社会发展和民主法治建设而不断自我革新、自我完善，改革始终是人民陪审员制度进步、发展的强大动力。中国特色人民陪审员制度根植于中国特色社会主义法治实践的沃土，融汇了世界司法文明和民主价值理念，在波澜壮阔的中国司法实践中发挥着日益重要的作用，在中国特色社会主义司法制度体系中闪耀着夺目的司法民主光辉。

可以预见，随着我国改革的全面深化、国家治理体系和治理能力现代化的有力推进，中国特色人民陪审员制度的价值作用必将进一步发挥、独特优势必将进一步彰显，国际影响力必将越来越大。

中国特色人民陪审员制度具有强大的生命力和活力！

附　录

全国人民代表大会常务委员会关于完善人民陪审员制度的决定①

（2004 年 8 月 28 日第十届全国人民代表大会常务委员会第十一次会议通过）

为了完善人民陪审员制度，保障公民依法参加审判活动，促进司法公正，特作如下决定：

第一条　人民陪审员依照本决定产生，依法参加人民法院的审判活动，除不得担任审判长外，同法官有同等权利。

第二条　人民法院审判下列第一审案件，由人民陪审员和法官组成合议庭进行，适用简易程序审理的案件和法律另有规定的案件除外：

（一）社会影响较大的刑事、民事、行政案件；

（二）刑事案件被告人、民事案件原告或者被告、行政案件原告申请由人民陪审员参加合议庭审判的案件。

第三条　人民陪审员和法官组成合议庭审判案件时，合议庭中人民陪审员所占人数比例应当不少于三分之一。

第四条　公民担任人民陪审员，应当具备下列条件：

（一）拥护中华人民共和国宪法；

---

① 该决定自《人民陪审员法》公布之日起同时废止。

（二）年满二十三周岁；

（三）品行良好、公道正派；

（四）身体健康。

担任人民陪审员，一般应当具有大学专科以上文化程度。

第五条 人民代表大会常务委员会的组成人员，人民法院、人民检察院、公安机关、国家安全机关、司法行政机关的工作人员和执业律师等人员，不得担任人民陪审员。

第六条 下列人员不得担任人民陪审员：

（一）因犯罪受过刑事处罚的；

（二）被开除公职的。

第七条 人民陪审员的名额，由基层人民法院根据审判案件的需要，提请同级人民代表大会常务委员会确定。

第八条 符合担任人民陪审员条件的公民，可以由其所在单位或者户籍所在地的基层组织向基层人民法院推荐，或者本人提出申请，由基层人民法院会同同级人民政府司法行政机关进行审查，并由基层人民法院院长提出人民陪审员人选，提请同级人民代表大会常务委员会任命。

第九条 人民陪审员的任期为五年。

第十条 依法参加审判活动是人民陪审员的权利和义务。人民陪审员依法参加审判活动，受法律保护。

人民法院应当依法保障人民陪审员参加审判活动。

人民陪审员所在单位或者户籍所在地的基层组织应当保障人民陪审员依法参加审判活动。

第十一条 人民陪审员参加合议庭审判案件，对事实认定、法律适用独立行使表决权。

合议庭评议案件时，实行少数服从多数的原则。人民陪审员同合议庭其他组成人员意见分歧的，应当将其意见写入笔录，必要时，人民陪审员可以要求合议庭将案件提请院长决定是否提交审判委员会讨论决定。

第十二条 人民陪审员的回避，参照有关法官回避的法律规定执行。

第十三条 人民陪审员参加审判活动，应当遵守法官履行职责的规定，保守审判秘密、注重司法礼仪、维护司法形象。

第十四条 基层人民法院审判案件依法应当由人民陪审员参加合议庭审判的，应当在人民陪审员名单中随机抽取确定。

中级人民法院、高级人民法院审判案件依法应当由人民陪审员参加合议庭审判的，在其所在城市的基层人民法院的人民陪审员名单中随机抽取确定。

第十五条 基层人民法院会同同级人民政府司法行政机关对人民陪审员进行培训，提高人民陪审员的素质。

第十六条 对于在审判工作中有显著成绩或者有其他突出事迹的人民陪审员，给予表彰和奖励。

第十七条 人民陪审员有下列情形之一，经所在基层人民法院会同同级人民政府司法行政机关查证属实的，应当由基层人民法院院长提请同级人民代表大会常务委员会免除其人民陪审员职务：

(一)本人申请辞去人民陪审员职务的；

(二)无正当理由，拒绝参加审判活动，影响审判工作正常进行的；

(三)具有本决定第五条、第六条所列情形之一的；

(四)违反与审判工作有关的法律及相关规定，徇私舞弊，造成错误裁判或者其他严重后果的。

人民陪审员有前款第四项所列行为，构成犯罪的，依法追究刑事责任。

第十八条 人民陪审员因参加审判活动而支出的交通、就餐等费用，由人民法院给予补助。

有工作单位的人民陪审员参加审判活动期间，所在单位不得克扣或者变相克扣其工资、奖金及其他福利待遇。

无固定收入的人民陪审员参加审判活动期间，由人民法院参照当地职工上年度平均货币工资水平，按实际工作日给予补助。

第十九条 人民陪审员因参加审判活动应当享受的补助，人民法院和司法行政机关为实施陪审制度所必需的开支，列入人民法院和司法行政机关业务经费，由同级政府财政予以保障。

第二十条 本决定自 2005 年 5 月 1 日起施行。

最高人民法院、司法部关于印发《人民陪审员制度改革试点方案》的通知

法〔2015〕100号

北京、河北、黑龙江、江苏、福建、山东、河南、广西、重庆、陕西高级人民法院、司法厅（局）：

为贯彻党的十八届三中、四中全会关于人民陪审员制度改革的部署，进一步推进司法民主，完善人民陪审员制度，保障人民群众有序参与司法，提升人民陪审员制度公信度，促进司法公正，最高人民法院、司法部制定了《人民陪审员制度改革试点方案》，已经中央全面深化改革领导小组第11次会议通过。十二届全国人大常委会第十四次会议作出《关于授权在部分地区开展人民陪审员制度改革试点工作的决定》，确保改革于法有据。现将《人民陪审员制度改革试点方案》印发给你们，请认真组织实施。实施过程中遇到的问题请及时报告最高人民法院和司法部。

最高人民法院

司法部

2015年4月24日

人民陪审员制度改革试点方案

为贯彻落实党的十八届三中、四中全会关于完善人民陪审员制度的改革部署，现就人民陪审员制度改革试点提出方案如下：

一、基本原则和改革目标

人民陪审员制度是中国特色社会主义司法制度的重要组成部分。要通过改革人民陪审员制度，推进司法民主，促进司法公正，保障人民群众有序参与司法，提升人民陪审员制度公信度和司法公信力，让人民群众在每一个司法案件中感受到公平正义。

（一）坚持正确政治方向。改革应当始终坚持党的领导、人民当家作主和依法治国的有机统一，坚定不移地走中国特色社会主义法治道路，在人民司法工作中坚持群众路线，提高人民陪审员制度公信度。

（二）坚持依法有序推进。人民陪审员制度改革应当于法有据，改革条件还不成熟、需要先行先试的，要按照法定程序由立法机关作出授权，实践证明行之有效的改革措施要及时上升为法律，确保改革在法律框架下有序推进。

（三）坚持中央顶层设计与地方探索相结合。人民陪审员制度改革既涉及司法制度和诉讼程序的原则性问题，也涉及一些司法实务中的操作性问题，要坚持在中央顶层设计的框架内，鼓励地方积极探索，总结经验。

（四）坚持从本国国情出发与吸收借鉴域外经验相结合。人民陪审员制度改革要立足我国国情，从中国特色社会主义司法制度和经济社会发展的实际出发，也要吸收借鉴其他国家和地区的有益经验。

二、主要内容

（一）改革人民陪审员选任条件。拥护中华人民共和国宪法、品行良好、公道正派、身体健康、具有选举权和被选举权的年满28周岁的公民，原则上都具备担任人民陪审员的资格。担任人民陪审员一般应当具有高中以上文化学历，但是农村地区和贫困偏远地区公道正派、德高望重者不受此限。

人民代表大会常务委员会组成人员，人民法院、人民检察院、公安机关、国家安全机关、司法行政机关的工作人员和执业律师不能担任人民陪审员。因犯罪受过刑事处罚的或者被开除公职的，以及不能正确理解和表达意思的人员，不得担任人民陪审员。

人民陪审员的选任应当注意吸收普通群众，兼顾社会各阶层人员的结构比例，注意吸收社会不同行业、不同职业、不同年龄、不同民族、不同性别的人员，实现人民陪审员的广泛性和代表性。

（二）完善人民陪审员选任程序。增加选任的广泛性和随机性，建立和完善人民陪审员随机抽选机制，提高选任工作透明度和公信度。

基层和中级人民法院每五年从符合条件的当地选民（或者当地常住居民）名单中随机抽选当地法院法官员额数5倍以上的人员作为人民陪审员候选人，制作人民陪审员候选人名册，建立人民陪审员候选人信息库。

基层和中级人民法院会同同级司法行政机关对人民陪审员候选人进行资格审查，征求候选人意见，从审核过的名单中随机抽选不低于当地法院法官员额数3—5倍的人员作为人民陪审员，建立人民陪审员名册，提请同级人大常委会任命。

对于可以实行陪审制审理的案件，人民法院要及时告知当事人有申请人民陪审员参与庭审的权利。当事人有权申请人民陪审员回避，是否回避由人民法院依法决定。

（三）扩大人民陪审员参审范围。合理界定并适当扩大人民陪审员参审案件范围，充分发扬司法民主，提高司法公信力。

涉及群体利益、社会公共利益的，人民群众广泛关注或者其他社会影响较大的第一审刑事、民事、行政案件，以及可能判处十年以上有期徒刑、无期徒刑的第一审刑事案件，原则上实行人民陪审制审理。

第一审刑事案件被告人、民事案件当事人、行政案件原告申请由人民陪审员参加合议庭审判的，可以实行人民陪审制审理。

（四）完善人民陪审员参审案件机制。改变人民陪审员陪而不审、审而不议等现象，合理确定每个人民陪审员每年参与审理案件的数量比例，防止“驻庭陪审、编外法官”等情形，保障人民陪审员参审权利和效果。

探索重大案件由 3 名以上人民陪审员参加合议庭机制。健全人民陪审员提前阅卷机制，人民法院应当在开庭前安排人民陪审员阅卷，为人民陪审员查阅案卷、参加审判活动提供便利。保障人民陪审员在庭审过程中依法行使权利，经审判长同意，人民陪审员有权参与案件共同调查、在庭审中直接发问、开展调解工作等。

完善人民陪审员参加合议庭评议程序。人民陪审员的意见应当写入合议笔录，规范人民陪审员及合议庭其他成员发表意见顺序和表决程序，保障人民陪审员评议时充分发表意见，严格落实人民陪审员合议庭笔录和裁判文书签名确认制度。

（五）探索人民陪审员参审案件职权改革。开展试点，积累经验，逐步探索实行人民陪审员不再审理法律适用问题，只参与审理事实认定问题，充分发挥人民陪审员富有社会阅历、了解社情民意的优势，提高人民法院裁判的社会认可度。

人民陪审员在案件评议过程中独立就案件事实认定问题发表意见，不再对法律适用问题发表意见。审判长应将案件事实争议焦点告知人民陪审员，引导人民陪审员围绕案件事实认定问题发表意见，并对与事实认定有关的证据资格、证据证明力、诉讼程序等问题及注意事项进行必要的说明，但不得妨碍人民陪审员对案件事实的独立判断。

人民陪审员和法官共同对案件事实认定负责，如果意见分歧，应当按多数人意见对案件事实作出认定，但是少数人意见应当写入笔录。如果法官与人民陪审员多数意见存在重大分歧，且认为人民陪审员多数意见对事实的认定违反了证据规则，可能导致适用法律错误或者造成错案的，可以将案件提交院长决定是否由审判委员会讨论。

（六）完善人民陪审员的退出和惩戒机制。坚持权利义务相统一原则，保障公民陪审权利，明确公民陪审义务。

建立人民陪审员职责豁免机制，因年龄、职业、生活、疾病等因素导致履行人民陪审员职责存在明显困难的可以免除其陪审义务。

公民经选任为人民陪审员的，无正当理由不得拒绝履行陪审职责。建立对人民陪审员无正当理由拒绝履行陪审职责，有损害陪审公信或司法公正等行为的惩戒制度。明确人民陪审员退出情形，完善人民陪审员退出机制。

（七）完善人民陪审员履职保障制度。建立人民陪审员宣誓制度，制定人民陪审员权利义务清单。

加强对人民陪审员个人信息和人身安全的法律保护，对危害人民陪审员制度的行为建立相应的处罚规则，维护人民陪审制度权威性。

人民法院及各相关单位应当为人民陪审员履职提供相应便利和保障。人民法院应当会同司法行政机关加强和改进对人民陪审员的培训和管理，充分调动人民陪审员履职积极性，提高履职实效性。人民陪审员所在单位不得因人民陪审员履行陪审职责而对其实施解雇以及减少工资或薪酬待遇等不利措施。人民陪审员制度实施所需经费列入人民法院、司法行政机关业务费预算予以保障。

三、方案实施

（一）立法机关授权。建议全国人大常委会 2015 年 4 月授权最高人民法院，自 2015 年 5 月起在部分地区开展人民陪审员制度改革试点工作，试点期限原则上二年，最低不少于一年。

（二）积极开展试点。2015 年 5 月，最高人民法院根据试点方案和全国人大常委会的授权，研究制定试点实施方案，并选择北京、河北、黑龙江、江苏、福建、山东、河南、广西、重庆、陕西 10 省、自治区、直辖市开展人民陪审员制度改革试点。

（三）推动相关法律修改完善。2016 年 5 月，最高人民法院总结经验，全面评估改革方案的实际效果，积极推动相关法律修改完善。

四、组织保障

人民陪审员制度改革由最高人民法院和全国人大内务司法委员会牵头负责，中央政法委、全国人大常委会法工委、最高人民检察院、司法部、财政部等部门积极配合。各部门要高度重视这项改革工作，加强工作协调和督促检查，加大人财物等保障力度，有力推进改革工作顺利开展。最高人民法院要加强对试点情况的跟踪和指导，认真研究改革试点中存在的突出问题，及时进行修改完善相关制度设计。

最高人民法院、司法部
关于印发《人民陪审员制度改革试点工作实施办法》的通知

法〔2015〕132号

北京、河北、黑龙江、江苏、福建、山东、河南、广西、重庆、陕西高级人民法院、司法厅（局）：

为贯彻落实党的十八届三中、四中全会关于人民陪审员制度改革的部署，确保人民陪审员制度改革试点工作稳妥有序推进，根据最高人民法院与司法部联合印发的《人民陪审员制度改革试点方案》（法〔2015〕100号），结合工作实际，制定《人民陪审员制度改革试点工作实施办法》。现将文件印发给你们，请认真组织实施。实施过程中遇到的问题请及时报告最高人民法院和司法部。

最高人民法院

司法部

2015年5月20日

人民陪审员制度改革试点工作实施办法

为推进司法民主，促进司法公正，保障人民群众有序参与

司法，提升人民陪审员制度公信度和司法公信力，根据中央全面深化改革领导小组第十一次全体会议审议通过的《人民陪审员制度改革试点方案》和第十二届全国人民代表大会常务委员会第十四次会议审议通过的《关于授权在部分地区开展人民陪审员制度改革试点工作的决定》，结合审判工作实际，制定本办法。

第一条 公民担任人民陪审员，应当具备下列条件：

（一）拥护中华人民共和国宪法；

（二）具有选举权和被选举权；

（三）年满二十八周岁；

（四）品行良好、公道正派；

（五）身体健康。

担任人民陪审员，一般应当具有高中以上文化学历，但农村地区和贫困偏远地区德高望重者不受此限。

第二条 人民陪审员依法享有参加审判活动、独立发表意见、获得履职保障等权利。

人民陪审员应当忠实履行陪审义务，保守国家秘密和审判工作秘密，秉公判断，不得徇私枉法。

第三条 下列人员不能担任人民陪审员：

（一）人民代表大会常务委员会组成人员，人民法院、人民检察院、公安机关、国家安全机关、司法行政机关的工作人员；

（二）执业律师、基层法律服务工作者等从事法律服务工作的人员；

（三）因其他原因不适宜担任人民陪审员的人员。

第四条 下列人员不得担任人民陪审员：

（一）因犯罪受过刑事处罚的；

（二）被开除公职的；

（三）被人民法院纳入失信被执行人名单的；

（四）因受惩戒被免除人民陪审员职务的。

第五条 基层人民法院根据本辖区案件数量和陪审工作实际，确定不低于本院法官员额数 3 倍的人民陪审员名额，陪审案件数量较多的法院也可以将人民陪审员名额设定为本院法官员额数的 5 倍以上。中级人民法院根据陪审案件数量等实际情况，合理确定本院人民陪审员名额。

试点期间，尚未开展法官员额制改革的，法官员额数暂按中央政法专项编制的 39% 计算。

试点工作开始前已经选任的人民陪审员，应当计入人民陪审员名额。

第六条 人民法院每五年从符合条件的选民或者常住居民名单中，随机抽选本院法官员额数 5 倍以上的人员作为人民陪审员候选人，建立人民陪审员候选人信息库。

当地选民名单是指人民法院辖区同级人大常委会选举时确认的选民名单。当地常住居民名单是指人民法院辖区同级户口登记机关登记的常住人口名单。直辖市中级人民法院可以参考案件管辖范围确定相对应的当地选民和常住人口范围。

第七条 人民法院会同同级司法行政机关对人民陪审员候选人进行资格审查，征求候选人意见。必要时，人民法院可以会同同级司法行政机关以适当方式听取公民所在单位、户籍所在地或者经常居住地的基层组织的意见。

第八条 人民法院会同同级司法行政机关，从通过资格审查的候选人名单中以随机抽选的方式确定人民陪审员人选，由院长提请人民代表大会常务委员会任命。人民法院应当将任命决定通知人民陪审员本人，将任命名单抄送同级司法行政机关，并逐级报高级人民法院备案，同时向社会公告。相关司法行政机关应当将任命名单逐级报省级司法行政机关备案。

第九条 人民法院应当建立人民陪审员信息库，制作人民陪审员名册，并抄送同级司法行政机关。

人民法院可以根据人民陪审员专业背景情况，结合本院审理案件的主要类型，建立专业人民陪审员信息库。

第十条 人民陪审员选任工作每五年进行一次。因人民陪审员退出等原因导致人民陪审员人数低于人民法院法官员额数3倍的，或者因审判工作实际需要的，可以适当增补人民陪审员。增补程序参照选任程序进行。

第十一条 经选任为人民陪审员的应当进行集中公开宣誓。

第十二条 人民法院受理的第一审案件，除法律规定由法官独任审理或者由法官组成合议庭审理的以外，均可以适用人民陪审制审理。

有下列情形之一的第一审案件，原则上应当由人民陪审员和法官共同组成合议庭审理：

（一）涉及群体利益、社会公共利益、人民群众广泛关注或者其他社会影响较大的刑事、行政、民事案件。

（二）可能判处十年以上有期徒刑、无期徒刑的刑事案件；

（三）涉及征地拆迁、环境保护、食品药品安全的重大案件。

前款所列案件中，因涉及个人隐私、商业秘密或者其他原因，当事人申请不适用人民陪审制审理的，人民法院可以决定不适用人民陪审制审理。

第十三条 第一审刑事案件被告人、民事案件当事人和行政案件原告有权申请人民陪审员参加合议庭审判。人民法院接到申请后，经审查决定适用人民陪审制审理案件的，应当组成有人民陪审员参加的合议庭进行审判。

第十四条 人民法院应当结合本辖区实际情况，合理确定人民陪审员每人每年参与审理案件的数量上限，并向社会公告。

第十五条 适用人民陪审制审理第一审重大刑事、行政、民事案件的，人民陪审员在合议庭中的人数原则上应当在 2 人以上。

第十六条 参与合议庭审理案件的人民陪审员，应当在开庭前通过随机抽选的方式确定。

人民法院可以根据案件审理需要，从人民陪审员名册中随机抽选一定数量的候补人民陪审员，并确定递补顺序。

第十七条 当事人有权申请人民陪审员回避。人民陪审员的回避，参照有关法官回避的规定执行。

人民陪审员回避事由经审查成立的，人民法院应当及时从候补人员中确定递补人选。

第十八条 人民法院应当在开庭前，将相关权利和义务告知人民陪审员，并为其阅卷提供便利条件。

第十九条 在庭审过程中，人民陪审员有权依法参加案件调查和案件调解工作。经审判长同意，人民陪审员可以在休庭时组织双方当事人进行调解。

第二十条 适用人民陪审制审理案件的，庭审完毕后，审判长应当及时组织合议庭评议案件。当即评议确有困难的，应当将推迟评议的理由记录在卷。

第二十一条 合议庭评议时，审判长应当提请人民陪审员围绕案件事实认定问题发表意见，并对与事实认定有关的证据资格、证据规则、诉讼程序等问题及注意事项进行必要的说明，但不得妨碍人民陪审员对案件事实的独立判断。

第二十二条 人民陪审员应当全程参与合议庭评议，并就案件事实认定问题独立发表意见并进行表决。人民陪审员可以对案件的法律适用问题发表意见，但不参与表决。

第二十三条 合议庭评议案件前，审判长应当归纳并介绍需要通过评议讨论决定的案件事实问题，必要时可以以书面形式列出案件事实问题清单。

合议庭评议案件时，一般先由人民陪审员发表意见。

人民陪审员和法官共同对案件事实认定负责，如果意见分歧，应当按多数人意见对案件事实作出认定，但是少数人意见应当写入笔录。如果法官与人民陪审员多数意见存在重大分歧，且认为人民陪审员多数意见对事实的认定违反了证据规则，可能导致适用法律错误或者造成错案的，可以将案件提交院长决定是否由审判委员会讨论。提交审判委员会讨论决定的案件，审判委员会的决定理由应当在裁判文书中写明。

第二十四条 人民陪审员应当认真阅读评议笔录，确认无误后签名。人民陪审员应当审核裁判文书文稿中的事实认定结论部分并签名。

第二十五条 人民陪审员参与合议庭审理案件的，应当作为合议庭成员在裁判文书上署名。

第二十六条 人民陪审员有下列情形之一，经所在法院会同同级司法行政机关查证属实的，应当由法院院长提请同级人民代表大会常务委员会免除其人民陪审员职务：

（一）因年龄、疾病、职业、生活等原因难以履行陪审职责，向人民法院申请辞去人民陪审员职务的；

（二）被依法剥夺选举权和被选举权的；

（三）因犯罪受到刑事处罚、被开除公职或者被纳入失信被执行人名单的；

（四）担任本办法第三条所列职务的；

（五）其他不宜担任人民陪审员的情形。

人民陪审员被免除职务的，人民法院应当将免职决定通知被免职者本人，将免职名单抄送同级司法行政机关，并逐级报高级人民法院备案，同时向社会公告。相关司法行政机关应当将免职名单逐级报省级司法行政机关备案。

第二十七条 人民陪审员有下列情形之一，经所在法院会同同级司法行政机关查证属实的，除按程序免除其人民陪审员职务外，可以采取在辖区范围内公开通报、纳入个人诚信系统不良记录等措施进行惩戒；构成犯罪的，依法移送有关部门追究刑事责任：

（一）在人民陪审员资格审查中提供虚假材料的；

（二）一年内拒绝履行陪审职责达三次的；

（三）泄露国家秘密和审判工作秘密的；

（四）利用陪审职务便利索取或者收受贿赂的；

（五）充当诉讼掮客，为当事人介绍律师和评估、鉴定等中介机构的；

（六）滥用职权、徇私舞弊的；

（七）有其他损害陪审公信或司法公正行为的。

第二十八条 人民陪审员的选任、培训、考核和奖惩等日常管理工作，由人民法院会同同级司法行政机关负责。

人民法院和同级司法行政机关应当根据试点期间的履职要求，改进人民陪审员培训形式和重点内容。具体培训制度由相关高级人民法院会同省级司法行政机关另行制定。

人民法院应当会同同级司法行政机关完善配套机制，搭建技术平台，为完善人民陪审员的信息管理、随机抽选、均衡参审和意见反馈系统提供技术支持。

第二十九条 人民陪审员制度实施所需经费列入人民法院、司法行政机关业务费预算予以保障。

人民陪审员因参加培训或者审判活动，被其所在单位解雇、减少工资或薪酬待遇的，由人民法院会同司法行政机关向其所在单位或者其所在单位的上级主管部门提出纠正意见。

人民法院和司法行政机关不得向社会公开人民陪审员的住所及其他个人信息。人民陪审员人身、财产安全受到威胁时，可以请求人民法院或者司法行政机关采取适当保护措施。

对破坏人民陪审员制度的行为，构成犯罪的，依法移送有关部门追究刑事责任。

第三十条 港澳台居民担任人民陪审员的选任条件和程序另行规定。

第三十一条 试点法院会同同级司法行政机关，根据《人民陪审员制度改革试点方案》和本办法，结合工作实际，制定具体工作方案和相关制度规定。具体工作方案由相关高级人民法院、省级司法行政机关统一汇总后于2015年5月30日前报最高人民法院、司法部备案。

试点法院会同同级司法行政机关，在制定实施方案、修订现有规范、做好机制衔接的前提下，从2015年5月全面开始试点，试点时间两年。2016年4月前，试点法院、司法行政机关应当将中期报告逐级层报最高人民法院、司法部。

第三十二条 本办法仅适用于北京、河北、黑龙江、江苏、福建、山东、河南、广西、重庆、陕西等10个省（自治区、直辖市）的试点法院（具体名单附后）。

第三十三条 本办法由最高人民法院、司法部负责解释。

第三十四条 本办法应当报全国人民代表大会常务委员会备案，自发布之日起实施；之前有关人民陪审员制度的规定与本办法不一致的，按照本办法执行。

附件 1：

人民陪审员制度改革试点法院名单

北　京

北京市第二中级人民法院

北京市门头沟区人民法院

北京市东城区人民法院

北京市海淀区人民法院

北京市密云县人民法院

河　北

河北省邯郸市中级人民法院

河北省武安市人民法院

河北省石家庄市裕华区人民法院

河北省滦平县人民法院

河北省香河县人民法院

黑龙江

黑龙江省鸡西市中级人民法院

黑龙江省鸡西市鸡冠区人民法院

黑龙江省齐齐哈尔市龙江县人民法院

黑龙江省大庆市让胡路区人民法院

黑龙江省绥化市绥棱县人民法院

江　苏

江苏省南京市中级人民法院

江苏省盐城市中级人民法院

江苏省南京市鼓楼区人民法院

江苏省无锡市南长区人民法院

江苏省苏州市吴中区人民法院

福　建

福建省龙岩市中级人民法院

福建省厦门市海沧区人民法院

福建省龙海市人民法院

福建省晋江市人民法院

福建省龙岩市永定区人民法院

山　东

山东省青岛市中级人民法院

山东省青岛市崂山区人民法院

山东省威海市环翠区人民法院

山东省枣庄市峄城区人民法院

山东省章丘市人民法院

河　南

河南省安阳市中级人民法院

河南省安阳市龙安区人民法院

河南省郑州市中原区人民法院

河南省兰考县人民法院

河南省西峡县人民法院

广　西

广西壮族自治区崇左市中级人民法院

广西壮族自治区桂林市七星区人民法院

广西壮族自治区防城港市上思县人民法院

广西壮族自治区崇左市大新县人民法院

广西壮族自治区百色市右江区人民法院

重　庆

重庆市第三中级人民法院

重庆市沙坪坝区人民法院

重庆市梁平县人民法院

重庆市南川区人民法院

重庆市江津区人民法院

陕 西

陕西省渭南市中级人民法院

陕西省西安市雁塔区人民法院

陕西省安康市汉滨区人民法院

陕西省渭南华阴市人民法院

陕西省宝鸡市岐山县人民法院

附件2（略）

中华人民共和国人民陪审员法

（2018 年 4 月 27 日第十三届全国人民代表大会常务委员会第二次会议通过）

第一条 为了保障公民依法参加审判活动，促进司法公正，提升司法公信，制定本法。

第二条 公民有依法担任人民陪审员的权利和义务。

人民陪审员依照本法产生，依法参加人民法院的审判活动，除法律另有规定外，同法官有同等权利。

第三条 人民陪审员依法享有参加审判活动、独立发表意见、获得履职保障等权利。

人民陪审员应当忠实履行审判职责，保守审判秘密，注重司法礼仪，维护司法形象。

第四条 人民陪审员依法参加审判活动，受法律保护。

人民法院应当依法保障人民陪审员履行审判职责。

人民陪审员所在单位、户籍所在地或者经常居住地的基层群众性自治组织应当依法保障人民陪审员参加审判活动。

第五条 公民担任人民陪审员，应当具备下列条件：

（一）拥护中华人民共和国宪法；

（二）年满二十八周岁；

（三）遵纪守法、品行良好、公道正派；

（四）具有正常履行职责的身体条件。

担任人民陪审员，一般应当具有高中以上文化程度。

第六条 下列人员不能担任人民陪审员：

（一）人民代表大会常务委员会的组成人员，监察委员会、人民法院、人民检察院、公安机关、国家安全机关、司法行政机关的工作人员；

（二）律师、公证员、仲裁员、基层法律服务工作者；

（三）其他因职务原因不适宜担任人民陪审员的人员。

第七条 有下列情形之一的，不得担任人民陪审员：

（一）受过刑事处罚的；

（二）被开除公职的；

（三）被吊销律师、公证员执业证书的；

（四）被纳入失信被执行人名单的；

（五）因受惩戒被免除人民陪审员职务的；

（六）其他有严重违法违纪行为，可能影响司法公信的。

第八条 人民陪审员的名额，由基层人民法院根据审判案件的需要，提请同级人民代表大会常务委员会确定。

人民陪审员的名额数不低于本院法官数的三倍。

第九条 司法行政机关会同基层人民法院、公安机关，从辖区内的常住居民名单中随机抽选拟任命人民陪审员数五倍以上的人员作为人民陪审员候选人，对人民陪审员候选人进行资格审查，征求候选人意见。

第十条 司法行政机关会同基层人民法院，从通过资格审查的人民陪审员候选人名单中随机抽选确定人民陪审员人选，由基层人民法院院长提请同级人民代表大会常务委员会任命。

第十一条 因审判活动需要，可以通过个人申请和所在单位、户籍所在地或者经常居住地的基层群众性自治组织、人民团体推荐的方式产生人民陪审员候选人，经司法行政机关会同基层人民法院、公安机关进行资格审查，确定人民陪审员人选，由基层人民法院院长提请同级人民代表大会常务委员会任命。

依照前款规定产生的人民陪审员，不得超过人民陪审员名额数的五分之一。

第十二条 人民陪审员经人民代表大会常务委员会任命后，应当公开进行就职宣誓。宣誓仪式由基层人民法院会同司法行政机关组织。

第十三条 人民陪审员的任期为五年，一般不得连任。

第十四条 人民陪审员和法官组成合议庭审判案件，由法官担任审判长，可以组成三人合议庭，也可以由法官三人与人民陪审员四人组成七人合议庭。

第十五条 人民法院审判第一审刑事、民事、行政案件，有下列情形之一的，由人民陪审员和法官组成合议庭进行：

（一）涉及群体利益、公共利益的；

（二）人民群众广泛关注或者其他社会影响较大的；

（三）案情复杂或者有其他情形，需要由人民陪审员参加审判的。

人民法院审判前款规定的案件，法律规定由法官独任审理或者由法官组成合议庭审理的，从其规定。

第十六条 人民法院审判下列第一审案件，由人民陪审员和法官组成七人合议庭进行：

（一）可能判处十年以上有期徒刑、无期徒刑、死刑，社会影响重大的刑事案件；

（二）根据民事诉讼法、行政诉讼法提起的公益诉讼案件；

（三）涉及征地拆迁、生态环境保护、食品药品安全，社会影响重大的案件；

（四）其他社会影响重大的案件。

第十七条 第一审刑事案件被告人、民事案件原告或者被告、行政案件原告申请由人民陪审员参加合议庭审判的，人民法院可以决定由人民陪审员和法官组成合议庭审判。

第十八条 人民陪审员的回避，适用审判人员回避的法律规定。

第十九条 基层人民法院审判案件需要由人民陪审员参加合议庭审判的，应当在人民陪审员名单中随机抽取确定。

中级人民法院、高级人民法院审判案件需要由人民陪审员参加合议庭审判的，在其辖区内的基层人民法院的人民陪审员名单中随机抽取确定。

第二十条 审判长应当履行与案件审判相关的指引、提示义务，但不得妨碍人民陪审员对案件的独立判断。

合议庭评议案件，审判长应当对本案中涉及的事实认定、证据规则、法律规定等事项及应当注意的问题，向人民陪审员进行必要的解释和说明。

第二十一条 人民陪审员参加三人合议庭审判案件，对事实认定、法律适用，独立发表意见，行使表决权。

第二十二条 人民陪审员参加七人合议庭审判案件，对事实认定，独立发表意见，并与法官共同表决；对法律适用，可以发表意见，但不参加表决。

第二十三条 合议庭评议案件，实行少数服从多数的原则。人民陪审员同合议庭其他组成人员意见分歧的，应当将其意见写入笔录。

合议庭组成人员意见有重大分歧的，人民陪审员或者法官可以要求合议庭将案件提请院长决定是否提交审判委员会讨论决定。

第二十四条 人民法院应当结合本辖区实际情况，合理确定每名人民陪审员年度参加审判案件的数量上限，并向社会公告。

第二十五条 人民陪审员的培训、考核和奖惩等日常管理工作，由基层人民法院会同司法行政机关负责。

对人民陪审员应当有计划地进行培训。人民陪审员应当按照要求参加培训。

第二十六条 对于在审判工作中有显著成绩或者有其他突出事迹的人民陪审员，依照有关规定给予表彰和奖励。

第二十七条 人民陪审员有下列情形之一，经所在基层人民法院会同司法行政机关查证属实的，由院长提请同级人民代表大会常务委员会免除其人民陪审员职务：

（一）本人因正当理由申请辞去人民陪审员职务的；

（二）具有本法第六条、第七条所列情形之一的；

（三）无正当理由，拒绝参加审判活动，影响审判工作正常进行的；

（四）违反与审判工作有关的法律及相关规定，徇私舞弊，造成错误裁判或者其他严重后果的。

人民陪审员有前款第三项、第四项所列行为的，可以采取通知其所在单位、户籍所在地或者经常居住地的基层群众性自治组织、人民团体，在辖区范围内公开通报等措施进行惩戒；构成犯罪的，依法追究刑事责任。

第二十八条 人民陪审员的人身和住所安全受法律保护。任何单位和个人不得对人民陪审员及其近亲属打击报复。

对报复陷害、侮辱诽谤、暴力侵害人民陪审员及其近亲属的，依法追究法律责任。

第二十九条 人民陪审员参加审判活动期间，所在单位不得克扣或者变相克扣其工资、奖金及其他福利待遇。

人民陪审员所在单位违反前款规定的，基层人民法院应当及时向人民陪审员所在单位或者所在单位的主管部门、上级部门提出纠正意见。

第三十条 人民陪审员参加审判活动期间，由人民法院依照有关规定按实际工作日给予补助。

人民陪审员因参加审判活动而支出的交通、就餐等费用，由人民法院依照有关规定给予补助。

第三十一条 人民陪审员因参加审判活动应当享受的补助，人民法院和司法行政机关为实施人民陪审员制度所必需的开支，列入人民法院和司法行政机关业务经费，由相应政府财政予以保障。具体办法由最高人民法院、国务院司法行政部门会同国务院财政部门制定。

第三十二条 本法自公布之日起施行。2004 年 8 月 28 日第十届全国人民代表大会常务委员会第十一次会议通过的《全国人民代表大会常务委员会关于完善人民陪审员制度的决定》同时废止。

参考文献

一、专著类

1. 杨伯峻:《孟子译注》,中华书局 1960 年版。

2. 王先谦:《庄子集解·庄子集解内篇补正》,中华书局 1987 年版。

3. 吴兢:《贞观政要》,上海古籍出版社 1978 年版。

4. 杨伯峻:《论语译注》,中华书局 1980 年版。

5. 瞿同祖:《瞿同祖法学论集》,中国政法大学出版社 2004 年版。

6. 费孝通:《乡土中国》,中华书局 2013 年版。

7. 张文显:《法理学》(第三版),法律出版社 2007 年版。

8. 徐爱国、李桂林:《西方法律思想史》(第二版),北京大学出版社 2009 年版。

9. 王健:《沟通两个世界的法律意义——晚清西方法的输入与法律新词初探》,中国政法大学出版社 2001 年版。

10. 陈瑞华:《看得见的正义》(第二版),北京大学出版社 2013 年版。

11. 杨湘君:《帝国之鞭与寡头之链——上海会审公廨权力关系变迁研究》,北京大学出版社 2006 年版。

12. 钟莉:《价值·规则·实践:人民陪审员制度研究》,上海人民出版社 2011 年版。

13. 李玉华、张思尧、杨亮:《中国特色陪审制度的新发展》, 中国政法大学出版社 2014 年版。

14. 邱联恭:《司法之现代化与程序法》, 我国台湾地区三民书局 1992 年版。

15. 张志伟:《陪审制度的民主问题辨析》, 人民出版社 2010 年版。

16. 高一飞:《上帝的声音: 陪审团法理》, 中国民主法制出版社 2016 年版。

17. 张文显:《二十世纪西方法哲学思潮研究》, 法律出版社 1996 年版。

18. 齐树洁主编:《英国民事司法改革》, 北京大学出版社 2004 年版。

19. 施鹏鹏:《陪审制研究》, 中国人民大学出版社 2008 年版。

20. 胡云红:《陪审制度比较与实证研究》, 人民法院出版社 2014 年版。

21. 石时态:《民事执行权配置研究》, 法律出版社 2011 年版。

22. 廖永安、刘方勇主编:《谁的陪审? ——人民陪审访谈录》, 中国人民大学出版社 2018 年版。

23. 何家弘:《中国的陪审制度向何处去——以世界陪审制度的历史发展为背景》, 中国政法大学出版社 2006 年版。

24. 谭世贵:《中国司法改革》, 法律出版社 2000 年版。

25. 张丽卿:《刑事诉讼制度与刑事证据》, 中国检察出版社 2016 年版。

26. 姜明安:《行政诉讼法》(第三版), 北京大学出版社

2016 年版。

27. 王亚新、陈杭平、刘君博:《中国民事诉讼法重点讲义》,高等教育出版社 2017 年版。

28. 王亚新:《社会变革中的民事诉讼》,中国法制出版社 2001 年版。

29. 江伟主编:《民事诉讼法学》,复旦大学出版社 2002 年版。

30. 田平安主编:《民事诉讼法》,中国人民大学出版社 2003 年版。

31. 白建军:《法律实证研究方法》,北京大学出版社 2008 年版。

32. 许良英、王来棣:《民主的历史》,法律出版社 2015 年版。

33. 张卫平、陈刚主编:《法国民事诉讼法导论》,中国政法大学出版社 1997 年版。

34. 阮毅成:《陪审制度》,上海世界书局 1933 年版。

35. 李立丰:《司法民主与刑罚适用——以日本裁判员制度为研究视角》,中国政法大学出版社 2015 年版。

36. 周泽民主编:《国外法官管理制度观察》,人民法院出版社 2012 年版。

37. 中共中央宣传部编:《习近平总书记系列重要讲话读本》,学习出版社、人民出版社 2016 年版。

38. 中共中央宣传部编:《习近平新时代中国特色社会主义思想三十讲》,学习出版社 2018 年版。

39. 沙国华、房保国:《诉讼制度改革研究》,学林出版社 2003 年版。

40. 陈瑞华:《刑事诉讼的前沿问题》(第四版),中国人民大学出版社 2013 年版。

41. 陈瑞华:《程序性制裁理论》,中国法制出版社 2005 年版。

42. 陈瑞华:《问题与主义之间——刑事诉讼基本问题研究》,中国人民大学出版社 2003 年版。

43. 章武生等:《司法现代化与民事诉讼制度的构建》,法律出版社 2003 年版。

44. 齐树洁:《程序正义与司法改革》,厦门大学出版社 2004 年版。

45. 张卫平等:《司法改革:分析与展开》,法律出版社 2003 年版。

46. 何文燕等:《民事诉讼理念变革与制度创新》,中国法制出版社 2007 年版。

47. 张建伟:《刑事司法体制原理》,中国人民公安大学出版社 2002 年版。

48. 樊崇义:《诉讼原理》,法律出版社 2003 年版。

49. 李文健:《刑事诉讼效率论》,中国政法大学出版社 1999 年版。

50. 万毅:《程序如何正义》,中国人民公安大学出版社 2004 年版。

51. 万毅:《变革社会的程序正义》,中国方正出版社 2004 年版。

52. 高其才、肖建国、胡玉鸿:《司法公正观念源流》,人民法院出版社 2003 年版。

53. 肖建国:《民事诉讼程序价值论》,中国人民大学出版社 2000 年版。

54. 刘锡秋:《陪审制度的历史研究》,法律出版社 2011

年版。

55. 林立:《法学方法论与德沃金》，中国政法大学出版社2002年版。

56. 陈瑞华:《刑事证据法学》，北京大学出版社2012年版。

57. 王泽鉴主编:《英美法导论》，我国台湾地区元照出版公司2010年版。

58. 张海棠主编:《程序与公正》，上海社会科学出版社2008年版。

59. 最高人民法院政治部编著:《〈中华人民共和国人民陪审员法〉条文理解与适用》，人民法院出版社2018年版。

60. [古希腊]柏拉图:《理想国》，郭斌和、张竹明译，商务印书馆1986年版。

61. [英]梅因:《古代法》，沈景一译，商务印书馆1959年版。

62. [罗马]查士丁尼:《法学总论——法学阶梯》，张企泰译，商务印书馆1989年版。

63. [奥]凯尔森:《法与国家的一般理论》，沈宗灵译，中国大百科全书出版社1995年版。

64. [英]约瑟夫·拉兹:《法律的权威——法律与道德论文集》，朱峰译，法律出版社2005年版。

65. [英]哈特:《法律的概念》，张文显等译，中国大百科全书出版社2003年版。

66. [美]哈罗德·伯曼:《美国法律讲话》，陈若桓译，生活·读书·新知三联书店1988年版。

67. [美]罗尔斯:《正义论》，何怀宏等译，中国社会科学出版社1988年版。

68. [美]罗伯特·达尔:《论民主》，李柏光、林猛译，商务印书馆 1999 年版。

69. [美] 约翰·加斯蒂尔、佩里·迪斯、菲利普·J. 维瑟、辛迪·西蒙斯:《陪审团与民主:论陪审协商制度如何促进公共政治参与》,余素青、沈洁莹译,法律出版社 2016 年版。

70. [美] 卡尔·科恩:《论民主》,聂崇信、朱秀贤译,商务印书馆 1988 年版。

71. [美] 威廉·L. 德威尔:《美国的陪审团》,王凯译,华夏出版社 2015 年版。

72. [美] 博西格诺等:《法律之门》,邓子滨译,华夏出版社 2002 年版。

73. [美] 肯尼斯·卡普尔·戴维斯:《裁量正义——一项初步的研究》,毕洪海译,商务印书馆 2009 年版。

74. [德] 托马斯·魏根特:《德国刑事诉讼程序》,岳礼玲、温小洁译,中国政法大学出版社 2004 年版。

75. [法] 贝尔纳·布洛克:《法国刑事诉讼法》,罗结珍译,中国政法大学出版社 2009 年版。

76. [法] 托克维尔:《论美国的民主》,董果良译,商务印书馆 1989 年版。

77. [美] E. 博登海默:《法理学:法律哲学与法律方法》,邓正来译,中国政法大学出版社 2017 年版。

78. [美] 汉密尔顿等:《联邦党人文集》,程逢如等译,商务印书馆 1985 年版。

79. [法] 古斯塔夫·勒庞:《乌合之众:群众心理研究》,何道宽译,北京大学出版社 2016 年版。

80. [意] 切萨雷·贝卡利亚:《论犯罪与刑罚》,黄风译,北京大学出版社 2008 年版。

81. [美] 伯尔曼:《法律与宗教》,梁治平译,商务印书馆

2012 年版。

82. [美] 托马斯 · 潘恩:《潘恩选集》,马清槐等译,商务印书馆 1981 年版。

83. [美] 伦道夫 · 乔娜凯特:《美国陪审团制度》,屈文生、宋瑞峰、陆佳译,法律出版社 2013 年版。

84. [法] 孟德斯鸠:《论法的精神》,张雁深译,商务印书馆 2012 年版。

85. [美] 络德睦:《法律东方主义:中国、美国与现代法》,魏磊杰译,中国政法大学出版社 2016 年版。

86. [德] 克劳思 · 罗科信:《刑事诉讼法》,吴丽琪译,法律出版社 2003 年版。

87. [德] 拉伦茨:《法学方法论》,陈爱娥译,商务印书馆 2005 年版。

88. [日] 谷口安平:《程序的正义与诉讼》,王亚新、刘荣军译,中国政法大学出版社 1996 年版。

89. [日] 大木雅夫:《比较法(修订译本)》,范愉译,法律出版社 2006 年版。

90. [德] 齐佩利乌斯:《法学方法论》,金振豹译,法律出版社 2009 年版。

91. [美] 伯纳德 · 施瓦茨:《美国法律史》,王军等译,法律出版社 2011 年版。

92. [美] 杰罗姆 · 弗兰克:《初审法院——美国司法中的神话与现实》,赵承寿译,中国政法大学出版社 2007 年版。

二、论文类

1. 汪习根:《陪审制度的比较与评论——以日本、韩国、台湾地区模式为样板》，载《法制与社会发展》2015 年第 2 期。

2. 胡夏冰:《韩国陪审制的基本内容》，载《人民法院报》2014 年 9 月 26 日，第 8 版。

3. 李太正:《陪审与参审》，载《检察新论》2007 年第 2 期。

4. 胡夏冰:《台湾人民参审制的基本内容》，载《人民法院报》2014 年 10 月 17 日，第 8 版。

5. 石时态:《让人民群众感受司法公正的几点思考》，载《人民法院报》2017 年 7 月 21 日，第 5 版。

6. 何家弘:《陪审制度纵横论》，载《法学家》1999 年第 3 期。

7. 焦诸华:《英国陪审制度的历史嬗变及存废之争》，载《政治与法律》2001 年第 5 期。

8. 李昌道、董茂云:《陪审制度比较研究》，载《比较法研究》2003 年第 1 期。

9. 李红海:《英国陪审制转型的历史考察》，载《法学评论》2015 年第 4 期。

10. 胡云红:《俄罗斯陪审团制度的重建及其对完善我国人民陪审员制度的启示》，载《法律适用》2015 年第 2 期。

11. 胡云红:《日本裁判员法的立法过程及其实施效果评析》，载《河北法学》2012 年第 9 期。

12. 冯涛:《日本裁判员制度及对我国陪审制度的借鉴意义》，载《郑州大学学报（哲学社会科学版）》2008 年第 5 期。

13. 唐东楚:《我国陪审制度的历史及其改革》，载《中南大学学报（社会科学版）》2012 年第 2 期。

14. 苗炎:《司法民主：完善人民陪审员制度的价值依归》，载《法商研究》2015 年第 1 期。

15. 徐昕、冯磊:《迈向司法民主的人民陪审制》，载《学习与探索》2012 年第 10 期。

16. 胡夏冰:《构建具有人文关怀的陪审制度——来自我国台湾地区的经验》，载《法律适用》2015 年第 6 期。

17. 吴英姿:《人民陪审制改革向何处去？——司法目的论视域下中国陪审制功能定位与改革前瞻》，载《苏州大学学报（法学版）》2014 年第 3 期。

18. 北京市高级人民法院政治部教育培训处课题组:《关于北京法院人民陪审工作情况的调研报告》，载《法律适用》2012 年第 2 期。

19. 吴明童、段莉琼:《人民陪审制的理念与发展》，载《中国司法》2004 年第 8 期。

20. 贺红强、陈玺:《司法改革视阈下人民陪审员参审范围的改革与重塑》，载《山东科技大学学报》2017 年第 4 期。

21. 廖永安:《社会转型背景下人民陪审员制度改革路径探析》，载《中国法学》2012 年第 3 期。

22. 向前、陈莉:《人民陪审员审判职权改革的困境与出路》，载《法律适用》2015 年第 11 期。

23. 汤立伊:《我国人民陪审员参审机制的反思与进路》，载《行政与法》2017 年第 1 期。

24. 陈瑞华:《程序价值理论的四个模式》，载《中外法学》1996 年第 2 期。

25. 陈瑞华:《通过法律实现程序正义——萨默斯“程序价

值”理论评析》，载《北大法律评论》1998 年第 1 期。

26. 陈瑞华：《程序正义的理论基础——评马修的“尊严价值理论”》，载《中国法学》2000 年第 3 期。

27. 陈瑞华：《走向综合性程序价值理论——贝勒斯程序正义理论述评》，载《中国社会科学》1999 年第 6 期。

28. 陈光中：《坚持程序公正与实体公正并重之我见——以刑事司法为视角》，载《国家检察官学院学报》2007 年第 2 期。

29. 陈永生：《法律事实与客观事实的契合与背离——对证据制度史另一视觉的解读》，载《国家检察官学院学报》2003 年第 4 期。

30. 亓同惠：《事实怀疑论的背景、类型与矫正策略——兼论中国司法实践中的事实》，载《法学》2013 年第 3 期。

31. 孙启东、范进学：《弗兰克法律现实主义观述论》，载《山东社会科学》2007 年第 3 期。

32. 陈金钊：《论法律事实》，载《法学家》2000 年第 2 期。

33. 许小亮：《法实证主义的方法论特质》，载《中外法学》2008 年第 3 期。

34. 徐美君：《德国辩诉交易的实践与启示》，载《法学家》2009 年第 2 期。

35. 施鹏鹏：《法、意辩诉交易制度比较研究——兼论美国经验在欧陆的推行与阻碍》，载《中国刑事法杂志》2007 年第 5 期。

36. 陈卫东、张月满：《对抗式诉讼模式研究》，载《中国法学》2009 年第 5 期。

37. 齐树洁、康光熹：《布衣法官职能拓展探析——源于漳州台胞陪审员试点工作的启示与思考》，载《福建论坛（人文社会科学版）》2013 年第 7 期。

38. 陈洪杰:《从群众参与到公民参与：司法公共性的未来》，载《法制与社会发展》2014 年第 1 期。

39. 孙记:《俄罗斯刑事审判中陪审团制度再认识》，载《俄罗斯东欧中亚研究》2014 年第 6 期。

40. 吴英姿:《构建司法过程中的公共领域——以 D 区法院陪审制改革为样本》，载《法律适用》2014 年第 7 期。

41. 安婧:《关于在诉讼活动中设立人民陪审团制度的思考》，载《河北法学》2012 年第 11 期。

42. 黄薇:《行政诉讼中的陪审制：问题、出路》，载《法学杂志》2015 年第 8 期。

43. 刘宇晖:《价值多元化与我国人民陪审团制度的构建——基于英、俄、日陪审制改革的思考》，载《河北法学》2012 年第 9 期。

44. 李真、周宏亮:《两大法系陪审制度下我国人民陪审制度的困境与进路》，载《河北法学》2014 年第 9 期。

45. 许乐:《论人民陪审机制的构建——以 S 省 F 县人民法院创设人民陪审团的探索为基础》，载《中国刑事法杂志》2013 年第 4 期。

46. 吴英姿:《论司法认同：危机与重建》，载《中国法学》2016 年第 3 期。

47. 王平:《论推进人民陪审制度改革——以司法公信力建设为视角》，载《法律适用》2015 年第 2 期。

48. 羊震:《略论法治化背景下司法民主的内涵及价值》，载《法律适用》2014 年第 12 期。

49. 李瑞:《美国陪审制度的嵌入性及其启示》，载《法商研究》2008 年第 6 期。

50. 吴英姿、王筱文:《陪审制、民意与公民社会》，载《政治与法律》2011 年第 3 期。

51. 叶自强:《陪审制的分权机制与证据法的发展》，载《证据科学》2014 年第 4 期。

52. 王涛:《陪审制兴衰考》，载《中国刑事法杂志》2016 年第 1 期。

53. 张曙光:《人民陪审：困境中的出路——河南法院人民陪审团制度的贡献与启发》，载《政治与法律》2011 年第 3 期。

54. 郑成良、李文杰:《人民陪审实践：法治中国语境下的考量与反思——基于上海三区法院陪审运行之研究》，载《法学杂志》2016 年第 11 期。

55. 刘加良:《人民陪审团制：在能度与限度之间》，载《政治与法律》2011 年第 3 期。

56. 汤维建:《人民陪审团制度试点的评析和完善建议》，载《政治与法律》2011 年第 3 期。

57. 周永坤:《人民陪审员不宜精英化》，载《法学》2005 年第 10 期。

58. 刘方勇:《人民陪审员角色冲突与调适》，载《法律科学（西北政法大学学报）》2016 年第 2 期。

59. 彭小龙:《人民陪审员制度的复苏与实践: 1998—2010》，载《法学研究》2011 年第 1 期。

60. 郭倍倍:《人民陪审员制度的核心问题与改革路径》，载《法学》2016 年第 8 期。

61. 廖永安、刘方勇:《人民陪审员制度目标之异化及其反思——以湖南省某市人民陪审员制度实践为样本的考察》，载《法商研究》2014 年第 1 期。

62. 苗炎:《人民陪审员制度启动模式研究》，载《当代法学》2015 年第 4 期。

63. 蔡琳:《人民陪审员助理角色之实证考察》, 载《法学》2013 年第 8 期。

64. 张嘉军:《人民陪审制度: 实证分析与制度重构》, 载《法学家》2015 年第 6 期。

65. 张思尧:《人民陪审制度事实审与法律审的困惑与出路》, 载《法律适用》2015 年第 6 期。

66. 高志卿:《人民陪审制度之否定之否定》, 载《郑州大学学报(哲学社会科学版)》2004 年第 11 期。

67. 施鹏鹏:《审判中心: 以人民陪审员制度改革为突破口》, 载《法律适用》2015 年第 6 期。

68. 吴英姿:《司法的公共理性: 超越政治理性与技艺理性》, 载《中国法学》2013 年第 3 期。

69. 吴英姿:《司法的限度: 在司法能动与司法克制之间》, 载《法学研究》2009 年第 5 期。

70. 韩轶、张宇坤:《司法民主的正当性及其限度》, 载《政治与法律》2012 年第 10 期。

71. 黄素萍:《司法民主语境下我国陪审制度的完善》, 载《浙江社会科学》2011 年第 1 期。

72. 何进平:《司法潜规则: 人民陪审员制度司法功能的运行障碍》, 载《法学》2013 年第 9 期。

73. 陈晓红、陈杨:《我国人民陪审员制度的现实考量及制度走向——基于域外陪审制度模式的比较研究》, 载《甘肃社会科学》2013 年第 1 期。

74. 刘方勇、廖永安:《我国人民陪审员制度运行实证研究——以中部某县级市为分析样本》, 载《法学家》2016 年第 4 期。

75. 李拥军:《我国人民陪审制度的现实困境与出路——基

于陪审复兴背后的思考》，载《法学》2012 年第 4 期。

76. 姚秀兰：《香港陪审团制度及其对我国内地的启示》，载《河北法学》2000 年第 2 期。

77. 陈学权：《刑事陪审中法律问题与事实问题的区分》，载《中国法学》2017 年第 1 期。

78. 岳军要：《专家陪审制度探析》，载《郑州大学学报（哲学社会科学版）》2013 年第 9 期。

79. 易延友：《陪审团移植的成败及其启示——以法国为考察重心》，载《比较法研究》2005 年第 1 期。

80. 王亚新：《刑事诉讼中发现案件真相与抑制主观随意性的问题》，载《比较法研究》1993 年第 2 期。

81. 杨建军：《法律事实的概念》，载《法律科学（西北政法学院学报）》2004 年第 6 期。

82. 石时态：《司法公信力建设路径研究》，载陈富主编：《实践与思考——中共中央党校第 32 期中青一班一支部毕业论文集》，商务印书馆 2012 年版。

83. [美] 弗来彻：《美国的陪审团制度》，载宋冰主编：《程序、正义与现代化》，中国政法大学出版社 1998 年版。

三、学位论文

1. 刘海洲：《论我国法官制度改革》，湘潭大学 2005 年硕士学位论文。

2. 郭光东：《陪审团的历史与价值》，华东政法学院 2004 年博士学位论文。

3. 关玫：《司法公信力研究》，吉林大学 2005 年博士学位论文。

4. 史根洪：《嵌入视角下司法信任的研究》，武汉大学 2010 年博士学位论文。

5. 刘玉民：《社会主义市场经济体制下的司法公信力研究》，中央民族大学 2009 年博士学位论文。

6. 吕洪民：《中国陪审制度的困境与重生》，吉林大学 2011 年博士学位论文。

7. 曹永军：《陪审制度变革的历史成因——以国家与社会的关系为视角》，吉林大学 2007 年博士学位论文。

8. 杨安军：《陪审制度研究》，西南政法大学 2006 年博士学位论文。

9. 施鹏鹏：《陪审制研究》，西南政法大学 2007 年博士学位论文。